CONTROL

HOW TO EXERT CONTROL, IMPROVE LEADERSHIP

掌控力

如何发挥掌控力，提升领导力

郑和生◎编著

吉林出版集团股份有限公司

图书在版编目（CIP）数据

掌控力：如何发挥掌控力，提升领导力 / 郑和生编著. — 长春：

吉林出版集团股份有限公司, 2018.7

ISBN 978-7-5581-5221-4

Ⅰ.①掌… Ⅱ.①郑… Ⅲ.①领导学 Ⅳ.①C933

中国版本图书馆CIP数据核字（2018）第134143号

掌控力：如何发挥掌控力，提升领导力

编　　著	郑和生	
责任编辑	王　平　史俊南	
开　　本	710mm×1000mm　　1/16	
字　　数	230千字	
印　　张	16	
版　　次	2018年11月第1版	
印　　次	2018年11月第1次印刷	

出　　版	吉林出版集团股份有限公司
电　　话	总编办：010-63109269
	发行部：010-67208886
印　　刷	三河市天润建兴印务有限公司

ISBN　978-7-5581-5221-4　　　　　　　　　　　定价：39.80元

这是一本关于领导者如何发挥掌控力、提升领导力的书。

我们现今正处于一个飞速发展、日新月异的时代，领导者从来没有像现在这样面临如此巨大的压力和挑战。面对应接不暇的变化，很多领导者深感力不从心，无法掌控事业的局面与发展方向。一个领导者究竟要具备怎样的条件才算是成功？作为一个领导者，如何组织、领导其他人？如何统领全局？首先就是要具有掌控力，能够掌控全局，适应并驾驭变化的局势，控制全局，进而领导全局。具有掌控力，也就是一定要做自己能够控制的事情。一个领导者要想在激烈的竞争中占有一席之地，就必须发挥自己的掌控力，把握住整体的局面，总揽全局，辨明方向，协调各部分的力量，迎接挑战，这样才算是成功的领袖人物。掌控力是领导者的一种内在素质，是领导者的本色。作为一个出色的领导者，一个掌控大局的人，理应具有统筹全局的领导力，深刻敏锐的洞察力，足智多谋的决断力，以人为本的组织号召力，同时还要具备雄心大志，广博的知识，高瞻远瞩，从善如流、宽以待人的气度以及敢于突破、创新的冒险精神等，这样才能稳坐中军帐，大权在握，驾驭全局。

本书从掌控力的含义、掌控力的维度和掌控者的特质三个方面论述了掌控力的内涵与意义，以及身为一个组织或者集体的领导者、掌控者，要如何拥有掌控力，使用掌控力，做自己能够控制的事情。要如何恰当地展示自己的才能，打造自身的魅力，用好手中的权力。如何赢得下属的合作与信赖，如何充实自己的大脑。如何应对各种危机，避免前进道路上的陷阱。本书集领导力、洞察力、决断力、组织力于一体，为已经在领导岗位或者正在走向领导岗位的读者提供基本而必要的理性指导。想当好领导者，想成为优秀的领导人才，就要有掌控力，就一定要做自己能控制的事情。

CONTENTS 目录

第一章

领袖本色
——掌控力

人类社会因为有了管理和秩序才有了今天的进步，因为有了组织和协调才有今天的发展。古往今来，不同国家、不同民族、不同阶级、不同集体中的领导者，在他们各自担当的角色里，有的业绩突出，彪炳史册，如一颗颗闪亮的星星照耀幽暗的天空。而有些却暗淡无光，昙花一现，如过眼云烟般被人遗忘。为什么同样从事一种活动，结局却迥然不同？一个领袖究竟要具备怎样的条件才算是成功？作为一位领导者，如何组织、领导其他人？如何统领全局？首先要具有掌控力，能够掌控全局，适应并驾驭变化的局势，控制全局，进而领导全局。这也就是说，一定要做自己能够控制的事情，这样才是成功的领袖人物。

01

掌控力的内在

掌控力是什么？它是怎样的一种力量？我们先来看什么是掌控。

双手用力握拳，这时你会感受到肌肉变得紧张。持续几分钟时间以后，你就会感到有些疼痛。而当你双手紧绷的时候，很难用它们去做其他的事情。接下来，双手松开，自然放下，使全身肌肉尽量放松。在这种情况下你不会感到任何紧张的压力，同时你也会发现，此刻的你很难用双手去进行任何有意义的工作。如果此时把你的双手慢慢举起，开始活动它们，感受肌肉运动时的节奏，感受你在掌控着它们。在这种情况下，你的手才成为真正意义上的手，可以真正用它们去做有用的事情。掌控就是这样一种感觉。当你神经紧绷或是精神松懈的时候，你根本做不了任何事情，而当你开始掌控时，此时所拥有的掌控力可以使你顺利地完成手头的工作，让你在处理问题的时候灵活而富有主动性。这是一种平衡，一种掌控自己，进而掌控全局的平衡。人不是万能的，但是人们的想法总是有千万种可能。有的人想要成为医生，有的想要成为律师，有的想要周游世界、踏遍千山万水。这不是单纯的金钱和时间的问题，因为每个人的精力和能量都是有限的，而人们的生活又是复杂多变的。我们每时每刻都被各种各样的事情所包围，各种选择都在争夺分散我们的注意力。你可能拥有无尽的想象力，但你的精力毕竟是有限的。有很多必须完成的事情等着你，总是有各种各样的事情等着处理，你的家庭、朋友、同事……都会不断交给你新的任务，还有你的梦想以及维持正常生活的压力。人们总是有太多必须要做的事情，而时间非常有限。在今天，随着社会、经济的发展，人口流动性的增加，以及人们开始拥有越来越多的空闲时间，人们进行选择的机会、压力却都大大增加。选择是一件复杂而困难的事情，如何在选择中掌控自己、掌控周遭的局面更是难上加难的事情。那么我们怎么样做才能够迎难而上，掌控自己，进而掌控全局呢？

掌控，顾名思义，即为掌握、控制，在自己力所能及的范围内主持、控制，能够预测和了解事物，并决定其结果。掌握住对象并使其不任意活动或者超出一定范围，使其处于自己的占有、管理或影响之下。掌控力即能够控制掌握目标对象的能力。这种能力是对事物的起因、发展以及结果的全过程的一种把握，它是一种内在驱动力，潜藏在每个人的身上，它是"个人能量"。对于个人来说，掌控力是对时间、生活的规划、对预期目标的实现、对整体人生的把握的能力，谁掌控多一些，失控少一些，谁就会成功。通常懒惰、恐惧都是自己对自己的失控。让自己的目标引领前进的脚步吧，掌控自己的每一个步伐，心无旁骛，这样才能最快抵达成功；而对于企业来说，掌控力就是领导、管理者为了保证组织目标的实现，对于下属工作人员的实际工作进行测量、衡量和评价，并采取相应措施纠正各种偏差的一种能力。这其中还包括对资金、市场、消费者的掌控，对事业格局的规划，对权力的运用，找准团队核心的竞争力，说到底，就是对全局的把握，使其时刻处于自己的控制之中。

掌控力对于领导者来说，是至关重要的一种能力，是领导者把握中心、驾驭全局的重要体现。做好领导者，首先要做好一个掌控者。而掌控开始于规划，这是掌控的前提条件，也就是通过控制关键因素来控制全局，一个领导者的主要责任是确立目标，选择战略和进行重大决策。对于领导者来说，不必注意计划执行过程中的每一个细节，只需要注意那些对全局有重要意义的因素。对关键因素的控制，不仅能够使领导者集中精力，还能够提高控制的效率，以最少的投入把握对计划的偏离情况，提高控制的效力。规划的本质是将未来带到现在，这样就可以通过现在的行为对未来产生控制。这些规划一般都由领导、管理者来做出的。首先，要对组织团体有一个清醒的认识，进而制定一套科学的、切实可行的计划。对于组织机构来说，掌控的基本目的是防止工作出现偏差，需要将实际工作的进展与预先设定的标准进行比较，计划不仅为实际工作提供了行动路线，还为后续的控制工作奠定了基础。在规划时不仅要考虑其实施问题，还要考虑后续控制工作的需要。古语道："凡事预则立，不预则废。"既要面对现实，又要想到未来，既重视眼前利益又要关注长远发展。未雨绸缪才能防患于未然。前进的过程总会遇到困难和风险，如果事先一点准备都没有，就会感到措手不及、惊慌失措、全盘皆乱，而掌控力的发挥就是形成对未来的不确定性有足够的思想准备和心理承受力，获得克服困难的勇气与信心。

然而掌控力的发挥不是仅在开始阶段进行规划，我们前面提到过，掌控力是对全局的把握和控制，第一步是在实际工作开始之前，对事物发展的预测，对影响因素进行控制，确保目标对象合理的发展，此为前馈掌控。第二步是在工作进行的过程当中，现场的监督和指导，此为现场掌控。第三步是反馈掌控，"亡羊补牢，未为晚矣"，更好地把握事物发展变化的规律，积累经验和教训，制定下一步的目标和计划。

"掌控力"一词看似简单，其中包含的内容十分丰富，它首先要求领导者制定计划、目标，组织指挥别人去实现既定目标与计划，总揽全局，把握远近，对所在群体有整体的把握和认识，对这一整体的兴衰、安危、前途进行规划与发展，要求辨别方向，判断前进道路的走向；同时还要求具有调动、协调能力，面对八面来风，依然镇静自若；身处各种矛盾与困惑中，能够正确处理各种关系，在特殊的活动、形势下依然能够掌控局面，做到最大限度地保护群体的利益。掌控力是作为领导者所独具的一种内在素质，是领导者的本色。

02
掌控力的外延

　　如何掌控事务、权力、全局，想必是摆在每一个领导者面前的难题。一个优秀称职的领导者与其他人究竟有什么不同？他们的心理类型、品格特征是什么样的？究竟要具备哪些能力才能够掌控全局？

　　商周的《尚书·皋陶谟》提出，为政者必须"宽而栗，柔而立，愿而恭，乱而敬，扰而毅，直而温，简而廉，刚而塞，强而义"。也就是说作为领袖必须宽宏而又庄重，柔和而又能决断，善良而不卑不亢，能治乱而又尊重下级，和顺而又果敢，正直而又随和，有度量而又廉洁，果断而又不失疏忽，坚定而又合情合理。

　　唐代魏征则提出，作为一个统治者，要做到节欲、安民、忧患、谦虚、敬业、勤政、纳谏、明智、公道、正派等十条标准，然后"简能而任之，择善而从之"，就可以做到"智者尽其谋，勇者竭其力，仁者播其惠，信者效其忠。文武并用，垂拱而治"了。

　　这些在现代领导者的身上，也同样适用，人们普遍认为作为一个领导者应该博学多识，通情达理，能力完备，灵活多变，公道正直，以身作则，铁面无私，赏罚严明，敢负责任，敢承担风险等。一个掌控大局的人理应具有统筹全局的领导力，深刻敏锐的洞察力，足智多谋的决断力，以人为本的组织号召力，同时还要具备雄心大志，广博的知识，高瞻远瞩，从善如流、宽以待人的气度以及敢于突破、创新的冒险精神等，这样才能稳坐中军帐，大权在握，驾驭全局。

其实就实际情况而言，掌控全局者具体如何履行职责、承担责任，因时因地因事因人而异，千差万别，没有什么统一、不变的方法，但最重要、最关键、最可贵的在于具有以上这些良好的素质，随时随地都明白自己究竟应该懂什么、会什么、做什么，凡事能迅速做出正确的本能判断与反应，化解难题。一个不能很好地掌握全局的领导者，只见树木不见森林，将无法积极有效地配置各种资源，使其合理地发挥效用。

做大事者要谋大事、抓大事，从整体出发，进行系统分析，统筹兼顾，全面安排，高瞻远瞩地规划全局，做到胸怀大局，同时顺应时代潮流，面向世界、面向未来，审时度势，抓住机遇，在不断变幻的环境中，迎接挑战，做出正确的战略决策。掌控大权者肩负统帅之责，一定要比一般人站得高、看得远、想得全，如此才能使其群体立于不败之地，控制各种有利与不利条件，进退自如，无往而不胜。如果把组织比作一个人，那其掌控者的全局意识就是它的长寿细胞。在现今发展迅速、风云多变的时代，领导者的大局意识直接关系到群体的治乱兴衰。

掌控者有了全局意识，紧接着就必须要处理和解决一些具体的问题，这就要求谋事者要足智多谋，具备处理和解决具体问题的能力、信心和勇气，思维灵活，新颖大胆，具有发散性思维，无论何时、何地、何事，点子似乎永不枯竭，思如泉涌，海阔天空。在紧急或者混乱的关键时刻，面对突发事件，沉着冷静，清醒理智，依旧有条不紊，心平气和地进行规划、组织、控制，这是多谋善断的特有色彩。

人是社会的主体，奇迹要靠人去创造，未来要靠人去开拓。在如今这个讲求高效快速的社会，人力资源的使用，直接关系到社会组织的运作与效率。这往往取决于领导决策者对人力的使用和管理。知人善任历来是建功立业的一大方针策略。知人是第一步，用人才是真正的目的，用的是否得当才是关键。人都各有长短，用人就只有用其所长，不拘一格，充分发挥其作用，才能保证事业的成功。春秋孙子云："上下同欲者胜。"作为统筹大局的人，如何让来自五湖四海的人聚集在他周围，听任他的指挥，确实是一门学问。领导是一种指挥和控制行为，是领导者对被领导者产生影响的过程。作为一个领导者，应该时刻关注下属，想群众所想，善于鼓舞人心，值得信赖。谋事者要想干出一番事业，有所作为，就必须取得其他人的信任和支持，脱离了群众支持、参与，任何事情都办不成。不走出高楼，不走出办公室，不深入到群体中，不了解群众的实际情况和思想情绪，即使拥有再大的权力，也必然无计可施，毋宁说掌控全局了。人是感情动物，无论是伟大人物还是普通百姓，都不能拒绝感情的作用。法、理和道德规范不能发挥作用的地方，感情却可以起作用。而领导者只有与其他人沟通交流，增进理解，产生亲切感和信任感，才能够关系融洽、合作愉快，这样整个群体运作才会流畅，合理构建适应性的人才组织结构，不断增强组织成员们责任感和义务感，最终发挥整体效益，实现目标。

作为一个要掌控大局的人，应该善于用各种手段开展工作，包括利用感情作为力量推动工作，选择正确的沟通渠道，积极消除沟通中的障碍，建立全方位的信息沟通网。想要掌控全局，在工作中有所建树，既要德才兼备，又要有多维式的思维方式，不断求知进取，洞察人心，决断是非，沟通理解，敢于承担，同时重视整体配合，实现集体利益。只有这样，才能成为一个合格的领导者，发挥自身的掌控能力，让成功获得预期的结果。在现今这个飞速发展、复杂多变的世界，掌控力已经不单单是一种控制能力，它已然成为一种"综合能力"。掌控既然是对全局的控制、掌握，就必须面面俱到，无论是对自身还是对团体。

有些领导者由于缺乏对商业环境变化的了解，感觉不到世界正在发生的变化，无法完成盈利预期，公司的产品发展战略错误百出，根本不符合消费者需求的产品一再问世，对市场竞争中的种种表征往往后知后觉，直到对手超过自己才幡然醒悟。面对发展迅速、复杂多变和充满生存威胁的环境，太多太多的所谓领导者因为无法承担各种风险而日渐陨落。新技术一个又一个如雨后春笋般地产生，与之相伴的是不断涌现的大量信息，而这些信息的传递速度变得越来越快。随着技术进步的推动，几乎所有事物都在以前所未有的速度发展着并且日渐精密。而我们领导的水平呢？其表现却是差强人意。那些水平一般的领导者往往分不清什么是有用的信息，什么是没用的信息，即使能分清，也不知道如何利用有用的信息，或者说不知道如何在信息失效之前对它们进行适当地处理。人们面对信息的样子就像一个用嘴对着高压水龙头喝水的人，面对大量涌现的信息应接不暇。因此，今天的领导者们常常会出现差强人意的表现，如畏惧风险、压力过大、缺乏诚信、不够专注、缺乏个人责任感、没有创造力，更为重要的是无法达成预期结果。

所以作为一个真正有掌控力的领袖人物，应该是这样的：首先，就个人方面来说，具有高度的自我认知能力，清楚自己的价值、持有的信念、深层次的追求以及对未来的构想，并且能把这些东西清楚地表述出来。意识超前、目光长远，对未来持正面、积极、乐观的态度。值得信赖，能力强、言行一致，使众人对他们的能力和品格深信不疑。其次，就团体方面来说，善于鼓舞人心，倾听他人的声音，喜欢并且擅长和人打交道，对人有真诚的爱，能够从每个人身上找出那些共同的愿望，为团队、组织确定一致的目标，并且使这个目标鲜活起来，让组织中的每个人都能够参与目标构建、实现的过程，从其中看到自己。充满活力，好奇心强，渴望不断获得新知识。做事专注，有勇气，承担最艰巨的任务，不怕冒险。有条理，能够着眼于全局，系统地考虑问题并组织协调各种行为。善于提供支持和帮助，互相协助、自我领导、增强认同感强，想点子、拿主意，真正有掌控力的领导者应该是组织成员的思想领袖，他能够看到别人所看不到的，并且总是形成新的、与以往不同的观念、方法并树立新的目标。确定组织的远景规划，真正有掌控力的领导者能将所有的好点子和可能性融汇到一起，并将其融入组织的战略目标中。制订计划，确定从起点到目标的最优路线。组织和带领团队，招募合适的组织成员、安排成员各就其位，鼓励成员勇往直前，从而实现组织的战略目标。知人善任，使组织内部职责分明、各司其职，提高组织成员的责任感、义务感，最终达成理想结果。

海尔集团首席执行官张瑞敏就是这样的一位成功的领导者。作为一家中国企业，能发展成为全球化的企业自是难得，今年海尔获美国《商业周刊》"全球最具创新力企业50强"的殊荣，位列中国家电企业榜首，其关键人物就是张瑞敏。他以全球化的视野、谦卑的格局、创新的管理及创业家的精神，成为中国式管理的典范。海尔从上到下，不管是集团董事还是工厂员工始终坚持"目标管理与自我控制"。它以不断求变、变中求胜的企业文化，由小、中、大型企业成长为超大型集团，在工厂制造、品牌建立、服务制胜、全球服务到管理中不断创新、进步。根据市场需求来组建项目团队，快速反映市场的变化，贴近客户的心声，满足顾客的要求，进一步提高市场占有率。而且海尔为了让每位员工找到自己的长处，发挥自己长处，为客户创造高附加值，作出最大的贡献；设立以成果为核心，以顾客满意为重心，强调贡献度与自己的薪酬紧密结合，团队与个人绩效并重的考核体系，让人人有事做，事事有人做，人人有贡献，贡献人人有，做到"千斤重担人人挑，人人脑子有目标"，不分工厂员工、主管、厂长、董事，人人挑起构筑高绩效的责任，并作出最大的贡献。短短的二十年海尔从一个毫不起眼、脏乱差的小工厂，成长为现今的全球性跨国集团，从一只丑小鸭变成了美丽的白天鹅，关键在于他们坚持了共同的价值观，有目的、有条理、有系统地经营企业，而作为领导者的张瑞敏更是功不可没，他自觉遵守企业发展中逐渐形成的正确价值观，把企业利益、顾客利益与社会利益高度统一起来，制定合理的政策和目标，视野开阔，给予员工充分自由与机会，不断进取，最终实现企业目标。

　　掌控是一个过程，在这个过程中，深层次的个人能量将会转化成某种超乎寻常的内在驱动力，推动着前进的风帆，驶向理想的彼岸。

第二章

慈不掌兵：
员工的三大纪律
八项注意

过于仁慈的人不能带兵；太重感情的人不能做成大事；义气过重的人没法管理财务，投资；善心太重的人无法做官。所有这些都是要求人战胜自己的"欲念"，做到理性，尊重客观规律。慈悲、重感情、讲义气、与人为善都是非常好的品质，作为企业的领导者，有这些内在素质才能成大事，但不能把这些素质表面化、庸俗化，更多的应该在内心深处去领悟，然后应用到管理中。

01

纪律一：
坚决清除那些口是心非的人

巴顿的《我所知道的战争》一书中有这样一件事：一次，巴顿所在师需要提拔一位军官，于是巴顿把提拔候选人集合到一起，给他们提出一个需要解决的问题。巴顿说："伙计们，我要在仓库后面挖一条战壕，8英尺长，3英尺宽，6英寸深。"巴顿只告诉他们这么多。之后，巴顿提前进到仓库，通过窗户节孔偷偷观察这些军官。他看到这些人把锹镐放到仓库后面的地面上，休息几分钟后，开始议论：为什么要他们挖这么浅的战壕？有的说6英寸深怎么能当火炮掩体？也有的说，这样的战壕太热或者太冷；还有的抱怨，为什么让他们这些军官干挖战壕这么普通的体力劳动？终于，有个军官对大家说："让我们把战壕挖好后服从组织，跟着组织走，离开这里吧。那个老家伙想用战壕干什么都没关系。"巴顿最终提拔了这个人。

职场也不例外。作为管理者，老板总是喜欢说到做到、能坚决执行命令的员工，而对那些视承诺、命令为儿戏的员工除了憎恶只能是让其走人。

所以，如何才能有效地开展工作，怎样才能做到遵守纪律的同时又能出色地完成公司所交待的各项任务，已经成了所有职场中人迫切需要解决的问题。

态度决定一切！其实就这么简单。

只有正确的工作态度，才能有一个正确的开始。对公司纪律的认识，自身的意识起着决定性的作用。一个人想要更好地融入到一个充满挑战的团队中，就必须要自觉地遵守纪律，不断地加强自身的文化修养和道德修养。

事实情况是，很多人虽然已经被公司的文化理念所折服，他也会竭尽所能地履行自己的承诺，在工作中遵循公司的指示做事。但是，他并不一定会安于自己"服从"的角色，在上司面前放弃"自我"，因为他认同公司的文化理念并不说明他就认同上司的理念或某个公司领导的理念。"视服从为第一天职！"这句上司或领导的训词就像一块鱼骨卡在喉头，让他说不出来的难受，他觉得如果把这句话作为自己工作中的行为准则，就会完全的失去自我，甚至显得盲目。"我是一个善于思考的人，我有我自己的主张！"他内心理直气壮地抗争着，更有甚者，他也许还会口是心非，阳奉阴违。这就大大的削弱了执行力。最终，这样的员工也必然会从公司清除出去。

出现上司与下属或者领导与雇员之间意见不一是常有的事，甚至有的时候上司或领导会出现明显的错误，但作为下属或雇员有义务当面指出，但绝对没有权力擅自改变上司或领导做出的任何决定。

在工作中，不服从组织、不服从制度、不服从领导的人，都不会有好的结果。对组织来说，没有服从就没有执行，而没有执行就意味着组织的各种决策、战略、目标不能实施，组织就无法生存。现代化的大生产，强调的是整体的能力，而整体能力的协调，首要条件就是服从。只有服从，才能保证企业生产经营的正常运转。

要奋斗就会有牺牲。在成长的路上，每个人都希望做更大的事、担更大的责任，而要实现自己的人生目标，在前行的过程中，服从实际上也是对自己内心、自己理想的尊崇。如同我们学习驾驶汽车，上路之前，你必须要学会交通规则一样，这是必须的，没有谈判余地。

在军队中，下级对上级只能说两句话：

"是，保证完成任务！"

"是，请领导复述命令！"

服从、完全服从、绝对服从，这是部队铁的纪律，所谓"军令如山"，就是不容有任何借口。

服从命令听指挥，不仅是口头上的，而且是行动上的。命令就是命令，只有服从。

在公司的基层，总有一些员工对工作拖拖拉拉，习惯了不痛不痒、马马虎虎，习惯了得过且过、敷衍了事；一旦认真起来，却又呆头呆脑不知灵活变通。他们会私下给自己找理由："毕竟，公司于我何有哉！"一旦整顿来临，头一低，风头过了，又是一条好汉，依然我行我素。这就是公司基层执行力败落的表征。这样的基层员工，在每个企业中都大量存在。

与此同时，几乎每一个企业中也都还活跃着这样的一些人，他们是高谈阔论的思想家，他们是牢骚满腹的改革倡导者；他们常常身居中层要职，却将自己的"职责范围"视为"势力范围"；他们左右逢源关心每一个人和事，却最擅长于在高层领导和其他人面前搬弄是非，散布谣言。有意思的是，恰恰是这种人，常常对公司决策的执行大打折扣，或是因为他们的既得利益受损，或是不愿接受挑战。这样的人，不但自己执行力欠缺，还影响他人的执行力不能正常发挥。

中国的一家国有企业破产，被日本财团收购。厂里的人都翘首盼望着日方能带来让人耳目一新的管理办法。出人意料的是，日本人来了，却什么都没有变。制度没变，人没变，机器设备没变。日方就一个要求：把先前制定的制度坚定不移地执行下去。结果怎么样？不到一年，企业扭亏为盈。日本人的绝招是什么？执行，无条件地执行。

而在中国最优秀的企业联想集团，也曾因基层和中层执行不力而险些崩盘。联想在1999年进行ERP改造时，业务部门不积极执行，使流程设计的优化根本无法深入。长此下去，联想必将瘫痪。最后柳传志不得不施以铁腕手段，才杀灭企业内部试图拖垮ERP以保全既得利益的阴暗心态。柳传志在一次会议上雷霆震怒：ERP必须做好，做不成，我会受很大影响，但我会把李勤（当时的联想集团副总裁）给干掉。李勤当即站起来：做不好，我下台，不过下台前我先要把杨元庆和郭为干掉！

2003年初，戴尔在发布2003财年收入为354亿美元的同时，突然宣布在2006年要达到900亿美元的规模。一时间，世界上再没有比戴尔更张狂的公司了，公开宣布"增长速度要3倍于市场平均增长率"。许多公司即使这样发出口号也多是虚的，得不到执行，但在戴尔，这些数字却要员工不折不扣地执行，这就需要员工必须具备卓越的执行能力。

吉姆是戴尔一个分公司的经理，一直以来，他非常注重公司员工个人能力和素质的培养。有一天，他召集了几个平时表现不错的高级主管，对他们说："我今天有一个新的改制计划，就是把几个部门的内部制度融合一下，进行适当的调整和更新。在实行这项工作前，你们几位主管先用一周的时间到外地的一些大企业做一个全面的调查，然后把你们的意见给我汇报上来，我再根据情况做适当调整。半小时后开始执行！"

这时侯，吉姆便回到了自己的办公室里观察这几位主管的动向，这几位主管接受任务后，便坐在一起议论纷纷，说这样做没必要，又表示这么多企业要一个一个地调查怎么可能呢？况且即使我们调查结果出来了，经理也不一定按照我们的调查结果改动原先的计划呀？总之，就是没有要去执行任务的意思，只顾坐在那里犹豫不决，抱怨。

最后，有一位比较年轻点的主管走了过来，对其他几个主管说："时间已经不早了，我们快点行动吧，反正只有一周的时间，就当出去长见识了。"这样几个人才磨磨蹭蹭地站起来一起出去了。

一周后，几个主管都提交了调查报告，而那位年轻的主管得到了提拔，出任戴尔分公司市场部的副经理。

吉姆对此是这样与其他几位主管解释的："我必须挑选不找借口地执行任务的人。不论在哪一个企业，老板都会非常重视员工的执行能力，只有完全执行任务的员工才能成为企业最青睐的员工。"

02

纪律二：
坚决清除那些传播流言蜚语的人

曾经有人做过一项有趣的调查，结果显示，美国有五分之一的员工会定期在下班后跟同事喝几杯，每当这个时候，诸如讲同事坏话、亲吻某位同事、以及醉酒等糗事就要上演了。虽然去参加所谓"欢乐时光"的人中有15%是去搜罗最新的办公室流言，13%是迫于无奈才去的，大多数员工去那里都是为了拉近同事关系。

在被问及下班后的欢乐时光都会做些什么的时候，有16%的人表示会讲同事坏话，10%的人会散播某位同事的秘密，8%的人会亲吻某位同事，还有8%的人表示他们会喝醉酒，做出反常的举动。有5%的人说他们会传播一些跟公司有关的秘密，另有4%的人表示会唱卡拉OK。

参加欢乐时光的人当中有21%表示此类活动有助于人际关系，85%的人则表示参加此类活动并不能让他们跟某些高层人士更加接近，也不会对他们升职有什么帮助。

男性和女性跟同事共赴欢乐时光的人数是一样的，年龄在25到34岁之间的年轻员工是最有可能参加此类活动的人群，而55岁以上的员工参加的可能性是最低的。

总的来说，有21%的员工下班后会与同事共赴欢乐时光，而他们当中有近四分之一的人每月至少去一次。

生活中常常有这么一种人，他们耳聪目明脑袋灵，却喜欢伤害别人。有人叫他们小广播、顺风耳、包打听等，概括起来，应该叫他们"流言制造者和传播者"。

企业里，同样也有"流言制造者和传播者"，他们会散播有关同事、老板及公司的流言。也许他们自己只是感觉好玩而已，但是事实上，却已经为自己制造了一种"不值得信赖"的危机，而且这种危机会伴随于他们在公司的每一天。

有人可能反驳说，流言就像呼吸，公司不可缺少。毕竟，知道谁在做什么很重要，不是吗？了解所有竞争对手，不同范围内发生了什么事情，对员工事业的成功至关重要，不是吗？答案似是而非。建立人际网和传播流言截然不同。前者指与他人构建积极联系，增进交流和理解，从而提高工作业绩。后者指发表不必要的、有害的、消极的言论，论人是非散播谣言。

因为，从本质上来说，任何流言对企业本身而言都是无益的。企业会毫不留情地清除那些制造和传播流言蜚语的员工。

在老板眼中，工作场所的流言蜚语（与事实不同，通常有悖于事实、具有伤害性）是一种时间的浪费。他们不喜欢员工议论是非理短，因为它占用了宝贵的工作时间。他们不喜欢流言蜚语，因为它让他们不得不花费宝贵的时间平息错误信息引发的"灾难"。谣言和猜疑都会降低公司的"团队"意识，引发同事间的不信任和不忠诚，最终影响公司的工作效率和生产力。

"流言破坏信任、滋生不信任感、影响员工判断力，"前法官、争议裁决专家詹姆士·塔姆指出，"所有这些都会削弱公司实力。"

正因如此，工作时传播谣言，你会成为老板惩治的重点，因为谣言不仅会制造混乱，还会引发法律诉讼等问题。

如果你的主管或上司在休息室中看到你在"八卦"，他们立刻会认为你是在他人背后飞短流长，随即便会感觉，在他人面前你也是如此议论他们，这乃是人之常情。流言不但会使你看上去不值得信赖，信息本身最终也会传入当事人耳中，八卦对象由此便会获悉流言的出处。

流言会令你自己暴露在被中伤者的攻击前。它会使你变得极为脆弱，因为其他人会将你道听途说的话语再次进行传播，最后所有人都会认为该话源出于你，即使你并非是始作俑者。倘若该信息具有一定危害性，且管理层亦是如此认为，那么你将彻底完蛋。

流言蜚语会传遍公司的每一个角落。当这些话传到当事人的耳中时，他自然而然希望获悉此话从何而来，一旦你的名字上了对方的黑名单，你就等于又为自己树立了一个秘密敌人。嘴巴不严的危害很大，无论你乱言何事，要知道，公司对于嘴巴不严的人不会存有丝毫好感的。

公司中也不会有人告诉你，因为你的飞短流长，你会为他们惹来麻烦。他们之所以如此，是因为你必然会以"言论自由"对其大加讨伐。但是他们掌握着你的命脉，你可以自由选择，他们也可以凭借自身喜好进行决断；如果你触犯禁忌，他们便会秘密地剑指你七寸之处。如何保护自己？倘若你认为自己已经被盯住，或者受到"爱谈闲言"怀疑，那么你需要立即去做两件事。

第一，远离那些爱传播流言的人。不要让公司或上司看到你与他们混在一起，即使你并未插言只是在倾听而已。因为即便如此，上司也会觉得你赞同他们的行为，而且会认为你并不值得信赖。

第二，流言止于智者。任何流言蜚语传到你的耳朵里，都不要让它再继续存在。应该这样对传播者说"哦，我不希望听到任何人再对我讲类似话语"或"我认为你说的那个人一定不希望此事被人所知"。无论你说什么，一定要将自己从流言传播的恶性循环中排除。如果有必要，走出那间房子。不要惧怕被视做异类或墨守成规的人，你大可"酷"一下。听听最新闲话，还是成为值得信赖的对象，继而受到提拔？两者之间你会如何加以选择呢？

宁波最大的民营企业金田铜业股份有限公司曾经就因为流言而受到重创。有说它"炒期货亏损40亿"的，有说"国庆前裁员2000人"的，甚至传出过"总裁楼国强出逃，企业濒临倒闭"的消息。

金田铜业是国内最大的铜加工基地，以近50亿元总资产居"中国企业500强"第161位，去年销售收入超过300亿元。

事情发生后，金田铜业所在的宁波江北区政府出面召开新闻发布会。人行宁波中心支行人士表示，金田的贷款均发生在本地，每笔均正常，规模在4亿元左右。江北区劳动部门证实，金田铜业近期没有大规模人员调整。被传"跑路"的公司董事长、总裁楼国强也到会澄清，称今年1～9月销售收入213亿元，上缴税收8.3亿元，实现利润3.6亿元，在银行有近4亿存款。金田铜业也采取套期保值等经营策略，但并未亏损。

发布会8天后，在杭州召开的"创业创新·浙商之道"论坛上，一位与会代表发言时表示："很多企业不务正业，好好的主业不做、从事投机，效果并不好，金田铜业就是例子。该公司炒期货亏了40亿元，现在资金链紧张，面临倒闭。"恰巧，后排就坐着金田铜业人士，随即起身反驳。你来我往，一时间，"论坛"几成"论战"。"选择合作伙伴时，如果听说有问题，不管真假，我都会再三考虑，可能为安全而放弃合作。就算传言得以澄清，与没有任何传言、'身家清白'的企业相比，同等条件下肯定选择后者。"杭州甲骨文科技有限公司总经理顾惠波说。中行杭州某支行副行长也表示，为避免呆坏账，放贷时会留意企业的各种情况，尤其在目前的情势下，"有传闻说企业不行，就算澄清了，要放贷也会有顾虑，可能就此降低信贷规模。"

03

纪律三：
坚决清除那些吃回扣、手脚不干净的人

公司里，很多人都有"贪小便宜"的嗜好，他们认为"不贪白不贪，反正是'公家'的东西"。于是乎，或顺手牵羊，或动辄"一不小心"把公司的物品"私有化"。然而，他们的这一行为，已经严重地违反了最基本的职业道德，到头来他们"捡了芝麻，丢了西瓜"，"下岗"之后才大呼"悔不当初"。

要知道，职场中任何一个微不足道的小节，都足以毁掉你所有的诚信，这并非危言耸听。如果你认为拿公司的一张纸、一支笔是无关痛痒的话，那么离你拔个插座，摘根灯管，截段电话线……也就不远了。

而最为严重的是，如果一个员工从小手脚的不干净发展到吃回扣，出卖公司利益，那么结果永远只有一个。因为这对公司来说是个很大的损失，所有的老板对吃回扣的员工都只有两个字赠送："辞退！"不管你的能力有多强、贡献有多大，一旦老板知道你吃回扣，那么你就等着回家吃自己吧。

目前，回扣问题已经成为了中国商业社会的毒瘤，它渗透在各个领域，大面积侵蚀着企业的资产。成为企业在发展中比税务还要沉重的负担。

一项相关的调查显示：63.8%的人认为商业回扣太普遍了；16.7%的人认为一半一半；19.6%的人认为商业回扣只有一小部分。当问及"您在做生意时会选择给回扣、好处费和请客送礼的营销手段吗？"，有21.7%的人明确表示

会；63.8%的人选择视情况而定，需要给就给；只有14.5%的人明确表示不会。

多数人认为商业回扣不正常，但对于这一行业"潜规则"却表示能够理解。在被调查对象中，27.5%的人认为商业回扣很正常；13.04%的人没看法；45.7%的人认为不正常；13.8%的人认为商业回扣简直该死。20.3%的被调查对象认为商业回扣是行业的"潜规则"，存在合理，48.6%的人表示不参与，但理解；31.2%的人认为商业回扣是"反规则"，是"腐蚀剂"，必须坚决铲除。

另外，调查也显示了采购、产品销售和质检是回扣发生的重灾区，人事管理、运输、配货跟单、仓储、开发也是回扣易发环节，有个别人认为只要是对外的部门、需要和人打交道的部门均可能发生回扣现象。在问到回扣主要存在于哪些环节中时，89.9%的被调查对象选择采购环节；66.7%的人选择产品销售；54.3%的人选择质检。而选择人事管理、运输、配货跟单、仓储、开发的则分别占40.0%、39.1%、37.8%、36.5%、36.5%。有公司采购部业务员收取客户回扣的，有公司定制部经理向客户索要订制服装回扣的，有公司仓管员向客户索要回扣的，有公司设备部主管向客户收取回扣的，有公司采购课长收取供货商回扣的，有公司工程部副经理收取施工单位回扣的。

在发放问卷的同时，调查者也访问了部分民营企业主，多数人表示在公司利益不受损的情况下，对员工收受回扣往往采取睁一只眼闭一只眼的态度。这种态度是绝对错误的，一个人吃回扣，意味着公司的制度出现了问题。很快就会发展为一群人吃回扣，这时公司就麻烦了，小员工侵吞小资产，中高层就侵吞股东资产。这样的企业，如何对外竞争，不治理，垮台是迟早的问题。

有一个建材公司，曾经销售额上亿元，目前却陷入了困境：销售停滞不前、产品研发滞后、生产效率低下，客户投诉多，资金吃紧。董事长不得不更换CEO。新任CEO李总上任一个月，通过跟董事长和员工谈话、关键客户访谈和一系列小型座谈会，他发现营销总监问题突出：拉帮结派，任人唯亲，吃回扣等。李总决定换人，董事长也早有此意，只是顾及营销总监的资格老、客户影响大，而且8个大区经理和20个营销主管都是他一手带出来的。李总不信邪，他决定立马执行，营销总监被辞退。8个大区经理和17个主管递交了辞呈，一共25份辞呈一并交到了他的办公桌上，李总大笔一挥，"同意！"

这是一家民企的真实案例，公司经过李总的急剧调整后，业绩开始大幅度上升，摆脱了困局。如仔细分析一下这个公司陷入困局的原因，就会发现：营销总监吃回扣，他的营销团队也有一些人跟着吃回扣。于是，这些吃回扣的人便会自然而然地聚集在一起，形成一个利益派系，继而直接对公司的利益造成危害。第一方面，经销商也是喜欢你的员工吃回扣的。你吃回扣，就有短处捏在他手里，他就可以要求更多的优惠政策，拖欠更多的货款。在公司账上是应收账款，而实际上已经落入营销员和经销商口袋里了。

史玉柱的巨人大厦资金链断裂的最关键一环，就是应收帐款太多，销售人员不仅不去积极回收资金，反而将回收的部分资金转入自己的口袋。对此，史玉柱早有发现，可是一直没有下决心采取措施。史玉柱痛定思痛，重新出山时，坚决彻底割断了营销团队与现金的联系，总公司与代理商直接签订协议，现金在两个法人机构之间来往。脑白金、脑黄金、黄金搭档以及征途游戏，全都是直接跟分销商或代理商直接来往。代理商和分销商也愿意接受这种方式。人情固然有一定作用，跟法人企业打交道才是他们生命线的保证。

2010年，苹果公司的一位中层管理人员因为向超过六家亚洲供应商出售公司机密，而受到美国联邦法院的指控，于2010年8月13日被逮捕。

这名被逮捕的苹果员工名叫保罗·信·迪瓦恩，时任苹果全球采购经理，他和另外一位来自新加坡的安德鲁·昂受到了联邦法院有关电信欺诈、洗钱和非法回扣等罪名的指控。在另外一起民事诉讼中，苹果公司宣称迪瓦恩在过去几年里共收受了超过100万美元的回扣贿赂。

据起诉称，迪瓦恩利用他在苹果公司的职务之便获取苹果机密信息，然后将这些信息透露给苹果供应商，帮助他们在同苹果公司谈判中获得有利的合同。作为回报，苹果公司的这些供应商则向迪瓦恩支付回扣。迪瓦恩称所获得的这些回扣并非自己独占，而是与新加坡的安德鲁·昂共享。法院文件显示，安德鲁·昂被指实施了三次电信欺诈、密谋。

苹果公司发言人史蒂夫·道林对此事件说道，"苹果在商业机密方面执行的是最高标准。我们对员工在公司内外的任何不诚信行为都无法忍受。"

04

注意一：
正派做人，不搞拉帮结派

清代著名文学家刘鹗的《老残游记》中有句名言："人人好公，则天下太平；人人营私，则天下大乱。"

派系、团体是几乎所有组织内部都会有的现象。其本身很难消失，所以很多时候只要能将其控制在一定范围内，或者其存在对公司本身的发展、生存不构成威胁就可以了。但是，在公司发展中，派系不仅仅是利益的代表，还是不同思想、不同管理方式和不同行为方式的载体，也是不同文化取向的载体。因此，想当好老板，就要研究如何化解、引导或者利用派系。

派系都是有核心的，其成员大都围绕一个或几个人展开。往往由如下关系捆绑在一起：亲缘、地缘、部门利益、兴趣爱好、类似的共同利益。有相同、相近的观念，面对同样的事情，往往不约而同采取类似的态度和行为。成员间合作方式不固定，具体成员不固定，因具体问题和个人在问题中的地位而表现各异。最稳固的关系以亲缘或者部门利益为基础。

在公司，派系斗争的导火索常常是部门利益纠纷、亲缘关系带来的人际隔阂、公司变革带来的权利和人际关系重组。而其他原因造成的派系问题则不足以对企业造成致命的伤害（除了有宗教问题的公司以外）。

由于部门利益而产生的纠纷，其后果有这样一些：内耗增加，制约利益过重的部门，导致人事动荡，裁减不必要的部门或者消灭、打压新兴部门，部分重要人员地位或升或降等等。这些都需要从公司利益角度根据实际情况认真审视其利弊，而不能一言概之以对错或者好坏。比如内耗增加而对部分利益过重部门的制约就未见不是好事情，人事动荡而使一些不合格的人员离开公司也未见不是好事情。

相较之下，亲缘、地缘关系所带来的人际隔阂，总体来说其负面作用显得多一些。只要有这样几种情况：一是以老板的亲缘、地缘为核心形成的人际隔阂，在公司规模小的时候可以提高公司的凝聚力、反应速度和效率，规避制度不健全而带来的各种风险；但公司一旦达到一定规模，这种隔阂将从根本上损害公司的凝聚力、效率，并且会催生对立的派系，甚至会发生劣质员工淘汰优秀员工的现象。另一种是以公司中员工之间的亲缘、地缘关系而形成的人际隔阂，比如同乡、亲属等分布在不同的部门中或者相类似的部门中，这种团体兼有利益与文化、伦理的性质，一旦形成某种利益共识，比如相互拉拢、提携，就会威胁到公司的正常决策与运转，损害公司的根本利益。

对那些会损害公司长远利益或者重要利益的派系冲突和内耗行为，老板要明确表态，拨乱反正，不要姑息纵容。在处理与主要助手之间的关系时，衡量其能力的指标不是对老板唯唯诺诺，不是彻底贯彻老板的偏好，而是看能否实现工作目标，能否完成考核指标。

现实的工作中很多人有这样的想法：即使把工作的原则放在第一位，人情也不妨看作是工作中的润滑剂。这不能说是否对错，只能说，以血缘、地缘、宗教等伦理类的关系产生的情感，本质上和公司的要求相违。他们只能在组织不正规、分工不细密、层级不很多、利益关系不复杂、竞争不激烈的情况下发挥正面作用。否则，你不得不承认，这些"人情"会带来如下后果：一、嫡系与否的分别，从而产生离心力；二、以感情为幌子的相互拉拢和利益交换，冲击正常的秩序；三、凭空生出许多是非，在感情的旗帜下不分原由而去支持"圈里"人的作为、观点等，因为感情本来就不是要讲道理的；四、干扰人才成长，虽然"举贤不避亲"，但，这个往往是十足的骗人幌子；五、使公司不思进取，因为在感情的旗帜下，大家只要一团和气就好，工作上的矛盾往往会演变成派系斗争，任何人也没有办法让士气振作，或者完全按照规章制度做事，乃至规章制度会演变成斗争工具；六、阻碍变革，维持原有利益格局；七、在上面这些基础上，积累到一定程度，就会使公司失去正确方向，内耗增大，贬损创新，扼杀制度的成长，助长离心力，削弱竞争力。

当公司里面可能围绕你的两位彼此有矛盾的上司形成两个派系时，你该向左还是向右？"两虎相争"时，你该跟谁呢？这是职场中经常遇到的问题。

一家公司里的刘经理和钱经理由于薪资改革的问题闹了矛盾，我们看看几个员工的做法：

吴先生是很仗义的人，无论做什么事情都有种为大家"赴汤蹈火"的精神，他挑头跟刘经理对着干，给人留下了"不好管"的印象。林先生今天跟刘经理过不去，明天会不会跟钱经理过不去？孙经理如果重用林先生，是否会令刘经理下不来台？这些考虑使林先生成为"两虎相争"的牺牲品，一个经理用撤换林先生的办法向另一个经理送了人情；

高女士是一个很内向的人，她虽然能够理解两个经理的工作思路，但她不敢以自己一时的得失决定支持哪位经理。于是，她以一种旁观者的清醒，预见到被卷进权争的后果，警告自己不要一时糊涂；

与高女士相比，新来的胡小姐则显得有些不成熟，她在权力争斗面前显得有些胆怯，不敢发表自己的意见，一味地退缩，甚至不愿意去上班；

韦先生更善于拉关系、结帮派。但他是从自己的局部利益出发，不是与公司共命运，拉帮结派的做法也威胁到了公司的利益，在公司遇到危难时不能挺身而出，反倒会拆台，经理们也不会喜欢。

当遇到公司派系争斗而自己身处夹缝时，最好的做法就是：千万不要卷入。因为上司会从更加宏观和战略的高度去看问题，你一旦卷入，难免会成为替罪羊或牺牲品。

实际上，只要你有能力，即使你是新人也没有必要去依靠公司中任何的所谓"利益团体"，想让"派系"为你撑起半边天，那简直是妄想。因为你一旦卷入了派系斗争的漩涡，就会使你在明争暗斗中精疲力竭，当然你也就没有精力去出色地完成工作任务，这样的话又如何让自己脱颖而出，成为优秀的雇员呢？"靠人永远不如靠己"，记住！这句至理名言，在职场中永远适用。

05

注意二：
效率做事，工作决不拖拖拉拉

夏天的时候，寒号鸟全身长满了绚丽的羽毛，样子十分美丽。于是它骄傲得不得了，觉得自己是天底下最漂亮的鸟了，连凤凰也不能同自己相比。它整天摇晃着羽毛，到处走来走去，还洋洋得意地唱着："凤凰不如我！凤凰不如我！"

夏天过去了，秋天到来，鸟们都各自忙起来，有的开始结伴飞到南边，准备在那里度过温暖的冬天；有的留下来，整天辛勤忙碌，积聚食物，修理窝巢，做好过冬的准备工作。只有寒号鸟，既没有飞到南方去的本领，又不愿辛勤劳动，仍然是整日东游西荡的，还在一个劲地到处炫耀自己身上漂亮的羽毛。

寒冷的冬天终于到来，鸟们都回到自己温暖的窝巢里。这时的寒号鸟，身上漂亮的羽毛都脱落光了。夜间，它躲在石缝里，冻得浑身直哆嗦，它不停地叫着："好冷啊，好冷啊，等到天亮了就造个窝啊！"等到天亮后，太阳出来了，温暖的阳光一照，寒号鸟又忘记了夜晚的寒冷，于是它又不停地唱着："得过且过！得过且过！太阳下面暖和！太阳下面暖和！"

寒号鸟就这样一天天地混着，过一天是一天，一直没能给自己造个窝。最后，它没能熬过寒冷的冬天，终于冻死在岩石缝里了。

从这个故事里可以看到做事拖拉会带来多么严重的后果。而在公司也是一样。公司需要的永远都是讲求高效率的员工，而不是做事拖拉懒惰、总是留下"后遗症"而必须让人反复检查、修正的人。

松下电器公司创办人、被誉为"经营之神"的松下幸之助说：只有当人对社会的价值贡献多于索取的时候，社会才有可能不断趋于富裕和繁荣。人的价值体现在人对社会的价值贡献上，只有通过自身创造性的劳动，为社会增添价值，让他人因为自己的劳动而受益，才真正实现了自我价值，才能够赢得社会的认同、尊重和赞誉。高效率是帮助我们创造更多价值的利器，做不到高效率，就难以创造足够多的价值。

美国思科公司在世界500强企业中排名第24位，这家公司的每一位员工每年为公司带来高达77万美元的年收入，而同行业平均水平却只有22万美元。两者之间相差55万美元。

满街的咖啡店，唯有星巴克一枝独秀；同是做PC，唯有戴尔独占鳌头；都是做超市，唯有沃尔玛雄踞零售业榜首，而造成这些不同的原因，则是各公司员工能力的差异。

世界级经济学家奥利弗·布兰查德做过研究，行业内的第一名比第二名创造出来的价值高出15%，比第三名则高出30%，这只是平均值，不同行业的具体数字可能更悬殊。也就是说公司里最有工作效率的员工为公司创造的价值比落后于他的员工要高出许多。

所以思科公司董事长约翰·钱伯斯就说过这样一句话：一流的企业培育高效能员工，高效能员工造就一流的企业。

员工和公司之间，本质上是一种价值交换关系，公司提供员工薪水，员工必须为公司提供超值的价值。如果员工不为公司提供价值，公司凭什么雇用你？换言之，员工要想获取更多的报酬，唯一的方法就是为公司创造更多的价值。而成果是价值的唯一体现，而高效率是以成果为导向的，所以，高效率意味着高价值。

高效率完全可以经由实践而习得。通过实践，员工要练就四项技能：

1. 有效实施目标。高效率的行动一定是围绕着目标展开的。没有目标，行动就没有方向和连续性，今天做这件事，明天做那件事，最终可能一事无成。很多人做事以紧急性为导向，只有遇到不得不立刻处理的事情，他们才会着手解决；紧急事件一旦被消灭掉，他们就无所事事地发呆、上网冲浪、找同事闲聊等。高效率的员工会果决地对无关目标的事务说"不"，所有节外生枝地干扰都被他们清除出局。他们清楚地知道，与目标达成息息相关的事情都值得去做，与目标达成毫无瓜葛的事情就理应放弃，他们严格遵照这一原则，埋首苦干，冲向成果。

2. 合理分配时间。合理的时间分配包含三层意思：其一，目标实现由若干具有因果关联的事件组成，每一个事件对于目标实现的重要程度不一样，高效率的员工将最宝贵的时间分配给最重要的事件。其二，在通往成果的道路上，总有一些顽固却无法回避的障碍，高效率的人懂得集中时间打倒这些障碍。其三，时间是有限的，寸金难买寸光阴，"好钢用在刀刃上"，将有限的时间，花费在那些价值产出最多的事情上。

3. 绝不拖拉。"拖"是人的通病，也是大病，因为它会拖掉你成功的机会。假如你应该打一个电话给客户，但由于拖延的习惯，你没有打这个电话。你的工作可能因为没打这个电话而延误，你的公司也可能因这个电话而蒙受损失。拖延这个坏习惯看似无碍大局，实则是个能够让你的抱负落空的恶棍。作为员工，必须做到"今日事今日毕"，绝不拖拉。

4. 高效协同。团队的意义在于"1+1＞2"。内部组织结构完美的整体，效率一定远远大于单独的个体。所谓"单丝不成线，独木不成林"，一个人的力量毕竟有限，要想成就高效率，必须学会与团队成员有效协同。高效率员工清楚自己在团队中的定位，他们坚持"团队第一"的理念（这与自我管理绝不冲突），站在整体的角度想问题，保持顺畅的沟通，以便及时获悉自身的现状，并根据协同的需要调整状态。高效率员工善于总结，乐意将经验教训和大家分享，与所有人一起成长，因为工作效率的提高依赖团队全体伙伴的成长。

小王是一家药厂质量监督部门的负责人，工作几年来一直兢兢业业，颇得领导的赏识。由于小王工作谨慎认真，该药厂生产的药很少出现质量问题。因此，药厂的生产规模日益扩大，效益不断增长，小王的工作量也越来越大。

有一次，一批新感冒药经审核投放市场后，有部分消费者反映吃完之后有不适反应。厂长找到小王，让他尽快查明原因，并采取相应的措施，给消费者一个答复。

可是小王当时以为既然该药已经通过了双重检查，有问题的概率应该很小，部分不良反应属正常现象，因此并没太放在心上。他觉得过两天再处理也无所谓，还是先把手头其他重要事做完要紧。结果没想到，几天之后，问题越来越严重，出现不良反应的人越来越多。并且有人开始投诉该药厂。一时间，闹得沸沸扬扬，使药厂名誉一落千丈。厂长知道小王没有及时处理这件事之后非常生气，严厉地批评了他，并免去他部门主任的职务，还扣掉他一年的奖金。

而且，小王不知道，本来厂长是打算下个月起提升他当副厂长的，结果就是因为他一时的拖延而自毁了大好前程。

1984年，张瑞敏在青岛电冰箱总厂海尔的前身青岛电冰箱总厂提出了"日事日毕日清日高"的观点，即当天的工作要求当天完成，每一天要比前一天提高1%。这再次印证了海尔公司高效率的做事理念。在海尔集团，每一位员工每天都要根据这一理念，不断地找出工作中的不足与失误，总结经验教训，以便日后更好地工作。

"日清工作法"是海尔集团奉行的最重要的员工行为准则，是海尔集团传授给每一位新员工的第一个理念。它强化的是每一位员工想尽办法去完成每天的工作目标、落实自己的责任，而不是为没有完成工作去寻找借口，或者是得过且过。它体现的是一种完美的执行能力，一种负责敬业的精神，一种追求卓越的态度。其核心是敬业、责任和追求卓越。这一理念是提升企业执行力、倍增企业效率的最重要的准则。

06

注意三：
坚决执行，不找任何借口

在美国西点军校，学员能回答的只有三句话："是，长官！""不是，长官！""不知道，长官！"在西点军校的学员中，不找任何借口是一种习惯，他们看重的是如何想办法去完成任务。

西点军校的学员莱瑞·杜瑞松在第一次奉派外地服役的时候，有一天连长派他到营部去，交给他7项任务，如去见一些人，请示上级一些事，还有些东西要申请（包括地图和醋酸盐，当时醋酸盐严重缺货）等。这么多的任务，一般人一定会找借口减少任务，可是杜瑞松没有。因为他懂得必须"没有任何借口"地去执行并完成它。后来事情进行得不太顺利，问题出在醋酸盐上。他执着地向负责补给的长官说明理由，希望能从仅有的存货中拨付一点给自己带回。最后，在杜瑞松的不懈请求下，负责补给的长官终于答应给他拨付一些醋酸盐。杜瑞松圆满地完成了任务，可是当他去向连长复命时，连长并没有说任何表扬的话。对此，他并不感到意外，因为他明白：在有限的时间内完成任务是他应该做的事情。

"是，长官！"是美国西点军校200年来奉行的最重要的行为准则，是西点军校传授给每一位新生的第一个理念。它强化的是每一位学员想尽办法去完成任何一项任务，而不是为没有完成任务去寻找借口，哪怕是看似合理的借口。秉承这一理念，无数西点毕业生在人生的各个领域取得了非凡的成就。

美国总统杜鲁门有一句著名的座右铭："责任到此，请勿推辞！"每一个优秀的员工都应该记住这句话，不管出现什么情况，不管有多大的困难，不要找任何借口，把本职工作做好。但在实际的工作中，我们经常能够听到的是各种各样的借口：

"那个客户太挑剔了，我无法满足他。"

"我可以早到的，如果不是下雨。"

"我没有在规定的时间里把事情做完，是因为……"

"我没学过。"

"我没有足够的时间。"

"现在是休息时间，半小时后你再来电话。"

"我没有那么多精力。"

"上级没有告诉我。"

"我没办法这样做。"

……

其实，在每一个借口的背后，都隐藏着丰富的潜台词，只是我们不好意思说出来，甚至我们根本就不愿说出来。借口让我们暂时逃避了困难和责任，获得了些许心理的安慰。但是，借口的代价却无比高昂，它给我们带来的危害一点也不比其他任何恶习少。

作为员工，良好的执行能力是必备素质之一，这就要求员工对应该干的工作，要想方设法、按时保质地完成，对有难度的任务要迎难而上，切不可找各种借口推诿："这项工作我从没涉及过，恐怕完成得没有那么完美。""我现在手头正忙，没有精力做这件事。""小张在这方面有经验，还是找小张吧。"等等。在这方面，"把信送给加西亚"的罗文为我们树立了很好的榜样：一声不响地接受任务，并全力以赴地去完成。其实，在不断解决困难的过程中，你的工作能力自然也会得到锻炼和提升。即使最后任务没有按时完成，甚至是做砸了，受损失的是老板，收获的还是你自己，因为职场中的许多经验和教训都可以成为你毕生的财富。

约翰是美国安利公司自行车业务部经理，他工作踏实，从不找任何借口，一直是总经理的得力助手。一天，总经理对他说："现在各种新款的车型不断涌现，咱们库存的老式自行车如果再销售不出去。公司就要面临资金周转的困难。你去想办法把这些老式自行车销售出去。"

"好吧，我尽力去完成这项任务。"约翰接下了这个难办的任务，没有找任何借口，离开了总经理的办公室。可是，要解决这个棘手的问题谈何容易！现在市场已经极度饱和，连新款的自行车都不好卖，更别说这种老式自行车了。

一个星期后，约翰来到总经理室，对总经理说："现在城市里这些车肯定卖不出去了，我通过调查发现，在边远山区还是很有市场的，他们不注重款式，注重实惠。我觉得应该在那里设个代理点。"总经理同意了。结果，经济效益非常显著。老式自行车在那里供不应求，很快销售一空。后来，总经理离任。约翰被提升为公司的新总经理。

而小李原来是一名普通的银行员工，后来受聘于一家汽车公司。工作了6个月之后，他想试试是否有提升的机会，于是直接写信向老板毛遂自荐。老板给他的答复是："任命你负责监督新厂机器设备的安装工作，但不保证加薪。"

小李没有受过任何工程方面的培训，根本看不懂图纸。但是，他不愿意放弃任何机会。于是他发挥自己的领导才能，自己花钱找到一些专业技术人员完成了安装工作，并且提前了一个星期。结果，他不仅获得了提升，薪水也增加了10倍。

"我知道你看不懂图纸，"老板后来对他说，"如果你随便找一个理由推掉这项工作，我可能会让你走人。我最欣赏你这种不找任何借口的人！"

美国通用公司前总裁杰克·韦尔奇说："有借口的员工在任何时候都是不可被重用的。"松下电器公司董事长松下幸之助先生也曾说："我最不喜欢讲条件、讲借口的员工，因为他们总是给自己开列出太多的条件；实际上他们在从事自己的工作时，得到的回报是最少的。"

1984年，迈克尔·戴尔创立了以自己名字命名的计算机公司。8年后，27岁的戴尔成为财富500强中最年轻的CEO。不久，商界便掀起了对"Dell商业模式"的热烈讨论，这种模式让Dell绕过中间商，直接向顾客销售产品，同时能够更好地掌控信息和营运资金。《哈佛商业评论》1998年访问迈克尔·戴尔时，将这种商业模式称为"虚拟整合的力量"。从那以后，Dell继续拓展市场份额，而且给股东的回报比任何竞争对手都多。Dell最初的创业资本只有1000美元，如今其资产已超过1000亿美元。

为了讨论Dell如何在20多年的时间里保持优势，《哈佛商业评论》杂志的编辑访问了Dell公司的创办人兼董事长迈克尔·戴尔，以及公司CEO凯文，罗林斯。在这篇经过整理的访谈中，罗林斯和戴尔畅谈了他们如何一起制定Dell的商业模式、管理层发展结构以及企业文化。

Dell商业模式的重要元素已不再是秘密：直接销售，用信息管理库存，世界一流的制造以及高质量的客户信息。人人都知道这些，为什么其他公司无法复制该模式或在市场上击败Dell？两位企业领导人认为，虽然Dell的确有一套出色的商务模式，但公司成功的关键在于年复一年地在团队里培植公司DNA，这是外面的企业无法复制的。其他公司无法在执行层面和Dell做得一样好。例如，Dell每投入1美元研发，能得到6美元的利润回报。而索尼公司投资10亿美元却仅获得2亿美元的利润。

他们还指出，从一开始Dell就有一种拒绝借口的文化。只要他们听说某项业务亏损了一段时间，他们就会要求负责该业务的总经理找出更好的运营方法，以停止亏损。Dell现在有一支非常优秀的总经理团队。这些总经理很清楚纪律，他们有一切必要的素质，他们理解Dell的模式。所以，如果他们失败，那只能是执行不力。

07

注意四：
勇于承担，决不逃避责任

在一个公司中，老板通常需要那些敢做敢当、勇于承担责任的员工。

实际上，在工作中不论是不是你的责任，只要关系到公司的利益，你都要毫不犹豫地加以维护。因为，公司的利益与员工个人的利益是紧密相关的，任何一件事都是他的责任。如果不想使自己的利益不受到损害，最快的方法莫过于积极寻找并抓牢促进公司利益的机会，哪怕不关你的事，你也要习惯性地去这么做。

员工的责任感就意味着对公司的专注和忠诚。责任感对每个员工都很重要，它是员工忠诚的体现。对自己的工作负责，就是对公司负责，因此也就是对公司的忠诚。任何时候，敢于并善于承担责任的员工，才是最能体现自身价值的员工。因为这样的员工在责任面前不会推卸，也不会有一句托辞。

英国菲尔夫斯公司的董事长休斯普顿曾说："如果有谁说那不是我的错，那就是他的责任。被我听到的话，我就开除他，因为说这话的人显然对我们的公司没有足够的兴趣——如果你愿意站在那儿眼睁睁地看着一个醉鬼开车，或任何一个没有穿救生衣、只有两岁大的小孩单独在码头边上玩耍——好吧！可是我不会容许你这样做的。你必须跑过去保护那两岁大的小孩才行。""同样的，不论是不是你的责任，只要关系到公司的利益，你都应该毫不考虑地加以维护。因为，如果一个员工想要得到提升，任何一件事都是他的责任。如果你想使老板相信你是个当老板的材料，最好、最快的方法莫过于积极学习并抓牢促进公司利益的机会，哪怕不关你的责任，你也要这么做。"

而那些推卸和逃避责任的员工，在老板的心目中，一定是一个不可靠的人。路易松集团的副总裁乔治·福森特曾说："工作出现问题，是自己责任的话，应该勇于承认，并设法改善。慌忙推卸责任并置之度外，以为老板察觉出来，未免太低估老板了。老板之所以能够排除万难建立他的事业，必然有他过人之处。"

某公司因电脑记录有误而向客户发错了货物，当客户追究责任的时候，负责该工作的员工竟满不在乎地说："这完全是电脑作业的失误，我也没有办法。"并声称："这种事也大惊小怪的，未免太小题大做了！"

这种不负责的话和不负责的工作态度，对公司与客户都是一种伤害。破坏了公司形象，又败坏了公司在客户中的声誉。

如果对客户说出这种话，只会让他更加愤怒。不管是哪一个部门或哪一个人的疏忽，这都是公司的责任，而你负责与客户接洽就代表着企业，怎么可以有一副事不关己的态度呢？不论错误是否由你造成，在听到客户抱怨时就必须勇于承担责任，真心诚意地向对方表示歉意，并清楚地告诉对方该如何善后，这样才能免回公司的信誉。

因此，在工作中一旦出现问题，就敢于担当，并设法改正弥补。慌忙推卸责任并置之不理，只会使公司的损失更大，同时也会伤害到你自己。绝大多数公司的管理者不愿意让那些习惯于推卸责任的员工来做他的得力助手，这会让他感到不踏实。

忠诚敬业的员工需要有承担责任的勇气，任何时候都不要为自己的过错找借口。一个不敢承担责任的人，在老板看来一定是一个不负责任的人，这样的人对待工作总是敷衍了事，出了问题后总是找出一大堆借口或者将责任推得一干二净，聪明的老板是不会聘用这样的员工的。

勇于承担责任是一个人应有的优秀品质。对自己的行为负责，对公司和老板负责，对客户负责，这才是老板心目中的忠诚员工形象。在营救驻伊朗的美国大使馆人质失败后，当时的美国总统卡特立即在电视上发表讲话，向美国人民道歉，并郑重声明："一切责任在我。"之后，卡特总统的支持率骤然上升了10％。伟人之所以成为伟人，也许就在于此。

亨利·默尔克是美国著名报纸《华盛顿邮报》报业公司的小职员，负责报纸的派送。有一天，天气寒冷，狂风怒号，他要骑车穿过几个街区去送报纸。当他到达目的地时，却发现报纸少了一捆，可出门的时候数过了，是够的呀，那肯定是丢在路上了。于是，他沿着来时的路找了一遍，没有，又问了一遍沿途的店铺，也没有人看到。

他刚参加工作不久，这件事如果让老板知道了，可不是什么好兆头。一捆报纸值不了多少钱，也许订报的单位不会发现，即使发现了也未必会追究。是回去坦白告诉老板呢，还是等被追问起来再找理由？如果他不说，也许再也不会有人问起。

回到公司，他还是主动找到老板说："我在路上丢了一捆报纸，您在我的薪水里扣吧，下次我去送报纸时补偿给他们。"

老板开始皱了眉头，但他看着默尔克冻得发紫的脸，他微笑起来，说："从今天开始，你的薪水每周加一美元……"

默尔克惊讶地看着老板，怀疑自己听错了。

"我们就需要像你这样负责任的员工，但是下次不能再丢了！"

后来，默尔克成了这位老板的接班人。

勇于承担责任是一种优秀的品质，同时也是一种勇气，因为责任有时候意味着过错，现在愿意将错误往自己身上揽的人毕竟不多。但是，公司却正好需要这样敢于承担责任的员工，相反，推卸责任的员工却是公司最不愿意雇用的。

承担责任除了需要勇气，还需要具有诚意，做到真心真意地道歉，否则，老板会认为你是在假借承担责任替别人开脱或者是在巴结你的上司，总之，在承担责任的时候，需要向老板表明你的诚意。

维克多是某电器公司的财务人员。一天，他在做工资报表时，给一个请病假的员工定了个全薪，忘了扣除其请假那几天的工资。于是梅林凯找到这名员工，告诉他下个月要把多发的钱扣除。但是这名员工说自己手头正紧，请求分期扣除，但这么做的话，梅林凯就必须请示老板。

维克多知道，老板知道这件事后一定会非常不高兴的，但梅林凯认为这混乱的局面都是因为自己造成的，他必须负起这个责任来，于是他决定去老板那儿认错。

当维克多走进老板的办公室，告诉他自己犯的错误后，没想到老板竟然大发脾气地说这是人事部门的错误。维克多再度强调这是他的错误，老板又大声指责这是会计部门的疏忽，当维克多又再次认错时，老板看着维克多说："好样的，我这样说，就是看看你承认错误的决心有多大。好了，现在你去把这个问题解决掉吧！"事情就这样解决了。从那以后，老板更加器重维克多了。

当你犯了错误的时候，不要采取消极的逃避态度。你应该在发现错误的时候，马上想一想自己应该怎样做才能最大程度地弥补过错。只要你能以正确的态度对待它，勇于承担责任，错误不仅不会成为你发展的障碍，反而会成为你前进的推动器，促使你不断地、快乐地成长。所以说，任何事情都有它的两面性，错误当然也不例外，关键就在于你从什么样的角度去看待它，以怎样的态度去处理它。

对自己的行为负责，对公司负责，对客户负责，这才是上司心目中的好员工。也只有这样的员工，才能在工作中有所发展。

08

注意五：
专心致志，用敬业的心做专业的事

在日本有一个广为流传的故事：许多年前，一个少女来到东京帝国酒店当服务员。这是她踏入社会的第一份工作，也就是说她将在这里正式步入社会，迈出她人生的第一步。因此她很激动，暗下决心：一定要好好干！她想不到上司安排她洗厕所！

洗厕所！实话实说这活儿没人爱干，何况她从未干过粗重的活儿，细皮嫩肉，爱洁净，干得了吗？因此，她陷入困惑、苦恼之中，也哭过鼻子。她不甘心就这样败下阵来，因为她想起了自己初来时曾下的决心：人生第一步一定要走好，马虎不得。

正在此关键时刻，同单位一位前辈及时地出现在她的面前，帮她摆脱了困惑、苦恼，帮她迈好这人生第一步，更重要的是帮她认清了人生路应该如何走。但他并没有用空洞的理论去说教，只是亲自做个样子给她看了一遍。

首先，他一遍遍地抹洗着马桶，直到抹洗得光洁如新；然后，他从马桶里盛了一杯水，一饮而尽喝了下去！竟然毫不勉强。实际行动胜过千言万语，他不用一言一语就告诉了一个极为朴素、极为简单的真理：光洁如新，要点在于"新"，新则不脏，因为不会有人认为新马桶脏，也因为新马桶中的水是不脏的，是可以喝的；反过来讲，只有马桶中的水达到可以喝的洁净程度，才算是把马桶抹洗得"光洁如新"了，而这一点已被证明可以办得到。同时，他送给她一个含蓄的、富有深意的微笑，送给她一个关注的、鼓励的目光。这已经够用了，因为她早已激动得几乎不能自持，从身体到灵魂都在震颤。她痛下决心："就算一生洗厕所，也要做一名洗厕所最出色的人！"从此，她成为一个全新振奋的人；几十年光阴一瞬而过，她成为了日本政府的主要官员——邮政大臣。她的名字叫野田圣子。

对专业一词，通俗的理解就是胜任工作的能力。只有掌握了熟练技能，在同样的岗位比一般人更优秀，甚至被称为专家的水平的人，才可以说是专业。作为职业经理人，面对的老板形形色色，但对专业的要求却是共同的。没有一个老板不希望自己的员工完全胜任岗位素质的要求。人在公司，不可没有一技之长，这就是专业。当一个人一无所有时，至少还有一技之长可以安身立命。

专业可以说是所有岗位，所有职业中最具说服力最可贵的职业素质之一。它是胜任所有岗位的必要且充分条件。能力的大小，即一个人专业化程度，靠天赋、靠积累、靠实践、靠学习，除天赋是与生俱来的以外，其他三项都是后天形成的。因此，只要一个人努力，不断的挑战自我，寻求突破，就一定可以向更专业化的程度迈进。

强烈的责任心和敬业度是每位职员做人做事的最基本准则之一，是衡量每个打工者有否良好心态、主人翁意识的判断标准之一，是每个人人生观、价值观的直接体现，是每个人能否做好工作、获得上司认可和在公司存在价值的前提条件，更是一个人能力发展得到良好提升和未来职业规划最佳成长的综合素质的全面反映。

沃尔玛的一个商场要招聘一名收银员，经过几轮筛选后，最后只有三位小姐有幸参加复试。复试由老板亲自主持，第一位小姐刚走进老板办公室，老板便丢了一张百元钞票给她，并命令她到楼下买包香烟。这位女孩心想，自己还未被正式录用，老板就颐指气使地命令她做事，因而感到相当不满，更认为老板故意伤害她的自尊心。因此，老板丢出来的钱，她连看都不看，便怒气冲冲地掉头离开。她一边走，一边还气呼呼地咒骂："哼，他凭什么支使我，这份工作不要也罢！"

第二位女孩一进来，也遇到相同的情况，只见她笑眯眯地接了钱，但是她也没有用它去买烟，因为钞票是假的。由于她失业许久，急需一份工作，只好无奈地掏出自己的一百元真钞，为老板买了一包烟，还把找回来的钱，全交给了老板。不过，如此尽职卖力的第二位面试者，却没有被老板录用。因为，老板录用了第三位面试的小姐。原来，第三位女孩一接到钱时，就发现钱是假的，她微笑着把假钞还给老板，并请老板重新换一张。老板开心地接过假钞，并立即与她签定合约，放心地将收银工作交给她。

三位面试者有三种截然不同的应对方式。第一个面试者的心态，是多数老板最害怕的类型，毕竟，只会用情绪来处理事情的人，任谁也不敢将工作托付给他。第二位面试者的处理方式，则是最不专业的表现，虽然委屈求全的人比较有敬业精神，但万一真的遇到重大问题，老板需要的不是员工委屈与退缩，而是冷静与理性的处理能力。于是，第三位面试者成功了，因为在这件小事上，她充分表现出敬业精神和专业能力。

日本著名推销员早川就是这样做的，他曾说过：

我很幸运，踏进寿险业时，正好是专业化寿险从业员开始发展的时候。在这专业化的时代，寿险业也开始注重专业化经营，从产品、制度到推销，都很适合专业寿险从业员的发展。日本寿险业的趋势也在此时转向培养专业专职业务人员，同时鼓励兼职者转为专职。各行各业的专业化似乎已经成为一种趋向。

而寿险工作从第一次的接触客户、收集资料、建议书的设计解说、追踪、建立保护资料、售后服务，这些若没有专业专职的从业人员，是不可能做得井然有序，也达不到预期的效果。

曾有人这样问我："照你这么说，只要能专业专职，就一定能成功？"

我说："不是的！除了专业之外，还要敬业！"

三年前总公司派我去开发中部市场，我发现下午六点以后，办公室的人都走光了，每张桌子下几乎都留下推销员专用的手提箱，显然这些都是专业的业务员，但是这样的业务单位是不可能成功的，因为他们专业但不敬业。因为寿险工作的性质是：客户能同我们讨论保险的时间就是我们的工作时间。记得有一位非常忙碌的准客户，他是位建筑设计师，几次去拜访他，都是一边工作一边同我们聊天，如此是无法讨论"保险"这样一个大问题的。有次碰巧听他说要去办点事，我借口也要到那儿办事而搭他便车，在高速公路上我就和他一起讨论保险。寿险的敬业态度是：没有上班和下班，只有工作和睡觉。

听起来"敬业"好像很可怕，其实很多人都是如此。像百货公司的专柜小姐，一家小型贸易公司的负责人，开医院、诊所的医生，青年商店的老板，他们不都是没有上班下班，只有工作和睡觉吗？然而这种生活也有可爱的一面——工作时间可以自己调配：今天要完成一篇稿子，在主持完早会后，我就找家咖啡店，坐上一整天，真舒服！有时，在书店看到一本好书，在家躲了一整天，一口气读完，真过瘾！我生长在十位兄弟姐妹的大家庭里，家中大小事情，我都帮得上忙，因为别人可能需要请假，很不方便，我只要调配一下时间就可以。去年年底曾参与一爱心国游会的筹划推动工作，整整花掉我一个月的时间，并没有影响到我的工作与生活。

寿险工作是一份极富挑战性的工作，如果不能全身心投入，是不容易成功的。像过去有一些先进同仁，赚了一些钱，就投资经营餐厅、设工厂或做贸易，结局都一样，不是改行就是又回到保险界。不要妄想把寿险事业当垫脚石，另一个行业不见得就比寿险业有发展，即使有，在这专业化的时代，你还是必须从头再来。寿险事业永远也不可能是其他行业的垫脚石，当你一心两用时，它就变成寿险事业的绊脚石，其他行业也是一样。

09

注意六：
忠实诚信，决不随意透露核心信息

　　罗斯福当海军部长助理时，有一天一位老友来访。谈话间朋友谈到了有关军事方面的问题。"我只想知道，有关海军要建立基地的传闻是不是真的。"他的朋友说。这位朋友打听的事在当时是不便公开的，但为了不伤害朋友之间的感情，必须委婉地拒绝他。只见罗斯福向四周望了望，然后压低嗓子向朋友道："对于一些不便外传的事情，你能够保守秘密吗？"好友急切地回答："能。""那么我也能。"罗斯福微笑着说。

　　把秘密告诉别人的做法是极不负责任的，因此一定要严守秘密。而公司的机密关系着公司的利益，有时甚至关系着公司的生死存亡。在一个公司里，很多信息、技术都是有商业价值的，必须严防死守。因为"商场如战场"，机密就是武器，就是财富，泄露了肯定会使公司在商战中受挫，到时候受到损失的不仅仅是老板，还包括公司里的每一位员工。所以，身为员工的你，无论在多大利益的诱惑下，或是对老板心怀不满时，都不能出卖公司的商业机密。因为一个不忠诚的员工即使才华横溢，也无法得到老板的任用，更不要说重用了。无论是谁都不喜欢为了一己之利而出卖公司利益的人。对公司或老板忠诚，首先就是忠于自己的职业；背叛公司，背叛老板，也就是背叛自己，这样的人最终会失败。

　　公司里，所有的员工必须具备一个基本素质：不该你知道的，就绝对不要去打听；已经知道的，就要守口如瓶。如果泄露了机密，将会给公司带来不可预料的损失，不管你是刻意的还是无意的，都会产生严重的后果。

稍有点法律知识的人都知道，任何一个国家的公民都不得泄露国家的机密，如果泄露了，就会受到法律的严厉制裁。同样作为员工，绝对不能泄露公司的机密，如果泄露了，就将受到严厉的惩罚。

道格森是一家公司的办公室秘书，能力出众，深受老板的赏识，因为经常和老板在一起，自然知道公司很多的商业机密。

有一次，公司的一位合作伙伴请道格森喝酒，席间，这位合作伙伴说："最近我和你们老板正在谈一笔很大的合作项目，如果你能够把你们公司的一些机密资料告诉我，这将使我在谈判中掌握主动。"

"什么？你是说让我出卖公司的商业机密？"道格森皱着眉头说道。这位合作伙伴小声地对科曼尔说："这件事情除了你我知道外，没有任何人知道，对你不会造成任何影响。"说完，便给了道格森一张10万美元的现金支票，道格森欣然接受了，并讲出了公司所有的机密。

结果，在谈判中，道格森的老板吃了很大的亏，公司损失巨大。事后，公司老板全力调查，终于查出是道格森泄露了公司的商业机密。原本有很大发展前途的道格森不仅丢掉了工作，而且他得到的那10万美元也作为赔偿款被公司没收。

在中国，人们常说"知恩图报""投之以桃则报之以李"，最忌讳的就是"吃里扒外""吃张家饭，干李家活"。然而现在的社会充满着各种诱惑，抵挡不住诱惑就有可能犯错。当今社会，很多公司里都有这样的员工，他们为了一己私利，不顾公司的利益，将商业机密出卖给别人。但是，这么做就一定会获得成功吗？

菲尔普斯是一家金属冶炼厂的技术骨干，由于工厂准备改变发展方向，菲尔普斯觉得工厂不再适合自己，他准备换一份工作。

鉴于菲尔普斯原来工厂在行业上的影响力以及他自身的能力，他要找一份工作是轻而易举的事情。很多公司很早以前就邀请过他，但是都没有成功，这次是菲尔普斯主动要走，不少公司都认为这是获得他的绝好机会。

很多公司对菲尔普斯都给出了很高的条件，但是菲尔普斯觉得这种高条件后面一定隐藏着另外一些东西。菲尔普斯知道不能为了某些优厚的报酬而背弃自己的某些原则。因此，菲尔普斯拒绝了很多公司的邀请。最后菲尔普斯决定去全美最大的金属冶炼公司应聘。

负责面试菲尔普斯的是该公司负责技术的副总经理，他对菲尔普斯的能力没有任何挑剔，但是却向他提出了一个让菲尔普斯很失望的问题：

"我们很高兴你能够加入我们公司，你的资历和能力都很出色。我听说你原来的厂家正在研究一种提炼金属的新技术，听说你也参与了这项技术的研发，我们公司也在研究这门新技术，你能够把你原来厂家研究的进展情况和取得的成果告诉我们吗？你知道这对我们公司意味着什么，这也是我们聘请你来我们公司的原因。"那位副总经理说。

"你的问题让我十分失望，看来市场竞争确实是需要一些非常手段，但是我不能答应你的要求，因为我有责任忠诚于我的公司。尽管我已经离开它了，但任何时候我都会这么做，因为信守忠诚比获得一份工作重要得多。"

菲尔普斯身边的人都为他的回答感到惋惜，因为这家公司的影响力和实力比他原来的工厂要大得多，在这里工作是无数人梦寐以求的，但是菲尔普斯却放弃了这个绝好的机会。

就在菲尔普斯准备去另一家公司应聘的时候，那位副总经理给菲尔普斯来了一封信，在信中他这么说道："菲尔普斯先生，你被录取了，并且是做我的助手，不仅是因为你的能力，更因为你时时刻刻都想着为自己的公司保守商业机密，你是好样的！"

每个公司都需要菲尔普斯这样的职员，你只有成为这样的人才能受到公司的重用。无论在哪个公司，你都应该保守公司和老板的机密，对公司的各种事情都不能随便张扬，一定要守口如瓶。

一个不能为企业保守商业机密的人无论到哪家企业都不可能得到老板的器重，哪怕他有出众的才华，也不会得到老板的重用。没有人会信任一个不讲诚信的人。因此，忠于公司就是忠于你自己；背叛公司，背叛老板，其实也就是背叛你自己，最终的结果就是走向失败。因为当一个人对公司失去忠诚的时候，他的真正价值也将荡然无存。

作为一名员工，不要忘了自己的角色，你需要为公司争取利益，而不是为你自己争利益。只有公司发展了，你才会跟着得到发展，万万不可越位。有时，公司与你个人在利益上也会发生冲突，这时你千万不能把公司利益置之度外，使自己铸成大错。要记住：作为员工不注意保守秘密，不仅难以取得老板的信任，而且还会被"炒鱿鱼"，甚至被绳之以法，追究法律责任。

现在的公司用人，已经将道德放到了和才能一样重要的地位。不论一个人的能力有多强，但如果不诚实，人品不好，那也是万万不能用的。保守秘密，是身为员工的基本行为难则，是事业的需要。机密关系到公司的成败，关系到上司的声誉与威望。身为员工一定要牢记祸从口出的道理，对保密做到守口如瓶。保守秘密，是身为员工取信上司的重要一环。

因为当一个人对于企业失去忠诚的时候，他的真正价值也将荡然无存。

公司的机密关系到公司的成败，作为员工，一定要严守公司机密。不该问的不问，不该说的不说，对公司的各种事情都要做到绝对的守口如瓶。随处说出公司的秘密是一种隐性的不忠诚，也可以说是职场的一颗定时炸弹。一个忠诚的员工，心里会牢记一条准则：可为与不可为。

如果你思想松懈，说话随便，说了不该说的话，有意或无意地造成泄密，那么，轻则会使上司的工作处于被动，带来不必要的损失；重则会给企业造成极大的伤害，造成不可挽回的影响。这是员工对上司的一种极不负责的态度，势必会使上司在各个方面处于不利。所以，事关工作机密，员工一定要处处以公司利益为重，处处严格要求自己，做到慎之又慎。

10

注意七：
团结协作，帮助他人就是帮助自己

法国的一个小镇，每年都举办南瓜品种大赛。有一个农夫的成绩相当优异，经常是一等奖及优等奖的得主。他在得奖之后，毫不吝惜地将得奖的种子分给街坊邻居。

有一位邻居就很诧异地问他："你的奖项得来不易，每季都看你投入大量的时间和精力来做品种改良，为什么还这么慷慨地将种子送给我们呢？难道你不怕我们的南瓜品种因而超过你吗？"

这位农夫回答："我将种子分送给大家，帮助大家，其实也就是帮助我自己！"

原来，在这位农夫居住的农村，家家户户的田地都毗邻相连。如果农夫将得奖的种子分给邻居，邻居们就能改良他们南瓜的品种，也可以避免蜜蜂在传递花粉的过程中，将邻近较差的品种转而传染自己，这位农夫才能够专心致力于品种的改良。相反地，若农夫将得奖的种子私藏，则邻居们在南瓜品种的改良方面势必无法跟上，蜜蜂就容易将那些较差的品种传染给自己，他反而必须在防范外来花粉方面大费周折而疲于奔命。

将优秀的种子送给大家，就可以避免自己的南瓜受劣质品种的影响，这实际上是在帮助自己。就某方面来看，这位农夫和他的邻居们是处于互相竞争的形势，然而在另一方面，双方又处于微妙的合作状态。

帮助别人也就是帮助自己。在一个团队中，只有团结合作，互相协调，才能让团队的力量发挥到最大。

著名的成功学专家卡耐基曾提出一个观点：在现代社会里，一个人事业上的成功，只有15%是基于他的专业技术，另外的85%要靠人际关系，即与他人相处和合作的品德与能力。这说明，从大局出发，加强团结协作，无论对个人还是职业的发展，都是至关重要的。

任何事物都不可能十全十美，企业的规章制度也是这样，总有些事情是规章制度无法规定的，也一定会有一些意外的情况出现。在这种时候，能否主动请缨、毫无怨言地接受任务，是优秀与平庸相区别的标志。一般说来，领导都会铭记员工对企业的超额付出，一有机会就会给予回报。所以，当自己力所能及的时候，要主动向别人提供援助。独木不成林，只有团队中的每一个人都以整体利益为上，才能够创造出最佳效益。

可以肯定地说，在现代社会里，可以独立完成的工作几乎是没有的。随着科技的迅猛发展，越来越多的工作是单人所不能胜任的，因此，共享知识和团队精神成为对企业员工的基本要求。在这样一个强调团队精神的时代，公司的成功不是靠某一位明星，而是靠整个团队。团队成员需要协作，也需要互相帮助。一名员工不忙时，要主动帮助别人，这就是团队精神。

麦当劳公司的创始人克洛克曾经说过这样的话："加油啊！世上没有任何东西能取代团队的力量。才华不能，有才能而失败的人比比皆是；天才不能，才华横溢却毫无进取的人不胜枚举；单靠教育不能，受过教育但潦倒终生的人充斥社会；唯有团结互助者能够无所不能，最终获得成功。"

在麦当劳，如果没人扫地，店长就会去扫地，也会帮人点餐。如果有一队排得很长，其他队人很少，一定会有服务员说：那边的客人请到这边来。麦当劳文化的一个重要特点就是快速服务，做到这点的一个重要原因就是员工不忙的时候，会主动帮助别人。

于是，"麦当劳"有着一套严格的员工行为准则——"麦当劳作风"，是由麦当劳管理层制定的一系列行为标准，它描述了如何通过共同工作去达成目标。"麦当劳作风"有七项原则，每一项都强调了团队合作，并列出了成为麦当劳团队成员的如下基本要求：

1. 重视整体利益。做每一件事情时，都应考虑它会影响整个公司的利益。例如，当你为顾客提供优质的服务后，顾客就会再次光临麦当劳，不论是在几百里外的其他城市，还是在其他国家。

2. 注重群策群力。两个人的力量会比一个人强，整个团队的力量就更比两个人强大了。如果每一名工作伙伴都可以提出令顾客满意的建议，当其他团队成员遇到困难时也能及时提供帮助，那么工作业绩必然更加出色。

3. 既确认团队贡献，又肯定个人成绩。如果团队取得了成绩，我们就应当肯定每一名成员的贡献。没有大家的参与，团队是不可能获得成功的。

4. 寻求并利用差异与争论，去寻求整体和顾客的利益。麦当劳的实力来自于团队的众多成员，每一位成员都拥有不同的背景和观点。相互之间可以借鉴他人的经验与建议，尤其是在寻求使顾客更满意的新途径时，更会从中得到启迪。

5. 相互信任，坦率沟通，正视并解决问题。每一位成员只有主动地表达不同的看法，才能有效地解决问题。例如，把你对优质服务的看法分享给大家，就可以使工作伙伴更有效地工作。

6. 积极听取他人意见，主动与每一个人沟通，保持言行一致。有效沟通可以明确表达自己的想法，并倾听他人的意见。团队中的成员都应该与其他成员进行沟通。

7. 100%地支持决定。在每个成员都发表意见并聆听了他人的意见后，团队应该作出一致的决定，并且每一个成员都必须支持和遵循决定。团队应该像一个整体那样去工作。

在沃尔玛，不论你是总裁，还是经理，繁忙时都是店员。现在人们平时很忙，超市的购物人数有限，而一到公休日、节假日，人们便涌进超市，几乎所有的沃尔玛店面都感觉人手不够。这时，从运营总监、财务总监、人力资源经理、各部门主管及办公室秘书，都换下笔挺的西装，去做收银员、搬运工、上货员，甚至迎宾员……这在沃尔玛形成了一种文化——大家互相帮助。

也许你会说："公司把员工的职责分得那么细，每个人都有自己的本职工作，我为什么要去帮助别人呢？这不是在炫耀自己的能力，暗讽别人失职吗？"

这是一种错误的想法。本职工作是要细分的，谁的就是谁的。但任何一家企业里都会有一些需要整个团队才能做好的事情，这是一个团队的本职工作，没有办法细分到个人。如果每个人都说这不是我的职责，这样的工作谁来完成？

每个员工都可以完成自己的本职工作，也应该完成自己的本职工作，这是他能在社会生存、在公司立足的大前提。如果你只能做到这一点，忽略他人，凭什么要求老板喜欢你，赏识你，器重你，提拔你？

一个人要想被老板赏识，就一定要有比别人出色的地方。能够做到在不忙的时候帮助别人，不仅说明你有积极的工作态度和良好的团队意识，还能说明你是个聪明人，因为有一天，你也会需要别人的帮助。现实中，很多人崇尚本位主义，自己不忙时，说人家是应该的，他忙是活该，我休闲叫应该。如果一个组织存在这种思想，那么这个组织就很危险，很难成为一家人，其凝聚力、战斗力就会大打折扣。

博士毕业后，杰克加入到一家人力资源顾问公司，上司和同事都对他寄予了很高的期望，希望他能弥补公司人事重组后的一些模糊区域。但是，从工作表现来看，杰克有较为严重的工作本位主义倾向，他常常不愿意去干工作责任范围之外的事情。当时，公司里的某个团队正忙着在短期内研究出一套新的培训计划，想请他帮忙处理一些登记报名之类的琐事。但是，杰克拒绝了，他认为自己没有义务做这样的事情，这应该是办事员的工作。其实，如果按照杰克的逻辑，其他同事也不应该做这样的事情，因为他们也有硕士以上的学位和工作合同上明确的职责范围。

　　同事们在这几个月里还逐渐地发现，杰克只接受上级直接分配的任务。在这几个月里，杰克不仅失去了同事和上级的信任和期望，还拖了某些工作的后腿。

注意八：
绩效导向，永远让业绩说话

著名影星李连杰的成名源于1982年的电影《少林寺》。之后，李连杰独闯香港，拍了19部动作电影，成功地塑造了黄飞鸿、方世玉等形象，奠定了他"功夫皇帝"的地位。1988年，李连杰初闯好莱坞，一个无法预知的未来在等着他。当时，他一句英文都不会，空有一身功夫。实际上以他当时在香港的地位，已经到了可以随便挑选剧组的地步，但在好莱坞，他只能处于被挑选的境地。虽然大部分人对李连杰都是友好的，但也有很多人看不惯他，表面友好，背后开骂。李连杰10年后对媒体说："不过没关系，我可以给投资影片的人挣钱，再不喜欢我的人都喜欢钱。有一次，一个人当面对我客客气气。转脸就说这部电影'像屎一样'，同时还又加了一句'不过票房很好'。"他又说："我完全能接受这种现实，并懂得了什么叫市场经济。"

中国改革开放的总设计师邓小平曾说："不管黑猫白猫，能抓住老鼠就是好猫。"这也在一定层面上反映这样一个道理：在市场经济的指挥棒下，不论资历不论学历，只要能取得成绩，就是一个好干将。

企业也是这样，老板时刻关注的就是公司的业绩。一位员工，只有做出很好的业绩才可能受到老板的欢迎、欣赏与重用。杰克·韦尔奇在谈到职场晋升问题时曾说过：在职业旅程中，未必每次晋升机会都能够如愿，然而如果你坚持自己的"长征"，最终，你达到自己目的地的时间甚至比你期望的还早。

最重要的是要交出动人的、远远超出预期的业绩。

一个企业有两位非常能干的业务员——小王和小李。董事长想在两人中间选一个作为接班人，但一直拿不定主意。为考验他们的能力，两人分别被赋予新建两家地区分公司的任务。

小王以人品好见长。他想，企业做大，首先必须有一支优秀的员工队伍。有了优秀的员工队伍，再加上先进的企业管理制度，所有员工都能各司其职，这样，就可以推动企业朝着既定目标迈进。

小李以能干见长。他想，企业最终必须靠业绩说话，而良好的业绩首先必须有良好的销售。于是，他通过分析客户需求制定销售计划，又通过销售结果分析客户需求的变化，反馈给总公司，使总公司开发生产出更符合顾客需要的产品。他也设立了一套很好的激励制度，重奖当月为销售做出重大贡献的员工。

一年过去了，两家新建公司的财务报表摆在总公司领导面前：小王公司的业绩只是小李公司的1／3。

结果可想而知。小王大惑不解：自己花了这么多精力、金钱带的队伍，业绩怎么就不如小李公司呢？

在残酷的商界，只有业绩才是最真实也是最现实的事情，其他都是美丽的谎言。乌托邦的窗户纸不敢去捅破，就只能迷失在所谓制度制胜的陷阱中不能自拔。

因为"在商言商"，公司不是慈善机构，老板也不是具有菩萨心肠的慈善家，他最主要的目的，还是获得赢利，使生意越做越大。这是根本。老板雇用你就是为了达到自己的这一目的，要达到这一目的，除忠诚以外，更大程度上还需要你做好业务，对公司的发展有价值。

对员工而言，通过一系列财务数据反映出来的工作业绩，才能证明你的工作能力，显示出你过人的魄力，体现你的个人价值。

事实表明，既能跟老板同舟共济，又业绩斐然的员工，是最令老板倾心的员工。如果你在工作的每一阶段，总能找出更有效率、更经济的办事方法，你就能提升自己在老板心目中的地位。你将会被提拔，会被实际而长远的委以重任。因为出色的业绩，已使你变成一位不可取代的重要人物。如果你仅仅忠诚，总无业绩可言，尽忠一辈子也不会有什么起色，老板想重用也会犹豫，因为他不放心。更进一步讲，受利润的驱使，再有耐心的老板，也绝难容忍一个长期无业绩的员工。所以，抱有"我尽忠职守，不浪费公司资源"观念的员工，是最愚蠢不过的了。届时，即使你忠贞不二，永不变心，老板也会变心，甘愿舍弃有忠诚无业绩的你，留下忠心且业绩突出的员工。

不要责怪老板薄情寡义。一个企业要想长期发展，仅仅依靠员工的忠诚是远远不够的。一个成功的老板背后，必须有一群能力卓越、忠心耿耿且业绩突出的员工。没有这些成功的员工，老板的辉煌事业就无法继续下去。所以，老板看重忠诚，更看重业绩，势在必然。

一个成功学家曾聘用2个年轻女孩儿当助手，替他拆阅、分类信件，薪水与其他从事相关工作的人相同。2个女孩儿均忠心耿耿。但其中一个虽忠心有余，却粗心、矫情、能力不足，就连分内之事也做不好，结果遭到解雇。

另外一个女孩儿却常不计报酬地干一些并非自己分内的工作，譬如，替老板给读者回信等。她认真研究成功学家的语言风格，以至于这些回信和老板自己写得一样好，有时甚至写得更好。她一直坚持这样做，并不在意老板是否注意到自己的努力。终于有一天，成功学家的秘书因故辞职，在挑选合适人选时，老板自然而然地想到了这个女孩儿。

故事并没有结束。这个女孩儿能力如此优秀，引起了更多人的关注，其他公司纷纷提供更好的职位邀请她加盟。为了挽留她，成功学家多次提高她的薪水，与最初当一名普通速记员时相比，已经高出了4倍。尽管如此，做老板的仍深感"物超所值",其出色的业绩远非提高4倍的薪水所能匹配的。

总之,你千万不要以为自己的忠诚,获得了老板的认可,就有理由保证自己不被列入裁员的名单中。仅靠忠诚获得老板的欢心,只能是短暂的。出色的业绩,对老板才最具诱惑力,才是你立于不败之地的真正王牌。

当芭芭拉的第三份工作时,她仍旧不明白为什么无论在哪个公司、从事哪一份工作,每到年底考核之后自己都会成为被炒鱿鱼的那个倒霉蛋。玛丽、露西和自己学历相当,而且都是同一批进入公司的,她们现在都有了丰厚的业绩,而且在新的一年里都有望得到进一步的提升。

回首这一年自己的成果确实有些恼人,整整一年,芭芭拉都没接到什么大单,也许这是整个行业都不景气的缘故吧。可是玛丽的客户资源却依然丰富,她似乎整天都忙着和客户谈判。露西虽然没有像玛丽一样丰富的客户资源,但是她也没让自己闲着,她的业务能力一直令芭芭拉羡慕不已,即使是最糟糕的去年也有好几笔大单进账。

芭芭拉找到了业务主管,希望主管再给她一次机会,她觉得主管并不是一个苛刻的人。主管正在办公室里看文件,芭芭拉敲门之后进去了。刚刚坐下,主管就接听了一个电话,是公司总部打来的,芭芭拉听到电话的另一端正在向主管下达解聘自己的命令,而主管则竭力向对方证明芭芭拉是个不错的员工,对方沉默了一会儿,然后说道:"我们也相信她不错,但是她可能并不适合在我们公司待下去,因为她一直没有像其他员工一样用业绩证明自己的优秀。我也没有办法,她必须离开,因为公司要发展,不能让任何人拖后腿。"

还能说什么呢?芭芭拉只有黯然离开公司了。

业绩是职场立足的永恒定律。在人才济济竞争激烈的职场中,证明你自己在日复一日的工作当中所取得的成功有时会帮助你推动自己职业生涯的发展——如果你想要一个长期并且满意的职业生涯,你就需要确保自己得到了应该得到的认可。

联想的企业文化中有一条就是要求员工"踏踏实实工作，正正当当拿钱"，反映到具体的管理措施终究是用人不唯学历重能力，不唯资历重业绩，一切凭业绩说话。在人才的选拔和任用上，他们有一套规范的手段和流程。不是以某个人的主观判断来决定人员的录用和选择，而是在对素质、能力综合评价的基础上，把合适的人放在合适的位置上。

所以在联想，尽管每个员工进入公司的时间可能有先后，学历也会有高低，但只要有能力，创造出了显著的业绩，都可以得到重用，都能够有所发展。在联想，因为业绩突出，一年之内提升三次者有之，进入联想仅三个月，能力强得到重用者有之。在联想，你永远会是小马拉大车，因为一旦你长成大马，就会有更大的车让你拉，这也促使员工不断给自己提出更高的要求，在提高中去应对工作的压力和挑战。

第三章

统筹全局的
领导力

众所周知，领导活动涉及人类社会生产、生活的方方面面，领导者如何加以有效地组织、指挥、规划、监督、控制、协调，往往千差万别，令人眼花缭乱。随着信息技术的发展进步，全球化时代的来临，领导者面临的困难和风险也是越来越大，越来越多；能力缺失，内心恐慌，导致领导者承受的压力越来越大；权力贬值、知识过时，使得领导者手中掌握的奶酪越来越少；工作繁杂、信息过剩致使领导者们整日忙于"开不完的会，谈不完的话，签不完的字……"如何才能在与日俱增的压力与忙碌中寻得高效率与高收益，掌控局势，不断进取，是现今每一个领导者的愿望与追求。

01
站在指挥台上的人

从本质看，领导是社会活动的一种劳动分工，是人们生产与生活有序有效进行的需要。社会的发展与进步，也必然要通过领导者承担一定的职责与义务表现出来。而领导力正是履行这种分工与职责的基本保证，也是衡量领导者是否胜任的主要标准。古今中外，各个领域、各个层次的领导者，他们的工作性质虽然一样，而水平、能力、品行却千差万别，甚至相去甚远。为什么？根本就在于领导力的差异。也就是说，领导者无论运用哪一种领导方法，遵行的是哪一种领导体制，体现的是哪一种领导风格，其领导形式有无艺术性，只要他有领导能力，结果都必然得心应手，绩效斐然，尤其是关键时刻显得更加光彩夺目。相反，如果领导能力有所欠缺，工作起来总是显得力不从心，收效甚微，乃至显得笨拙、造作或吃力，收到的多是负效果。而所谓领导力，就是指胜任领导工作的胆识谋略、方法手段、措施技巧等主观条件。它包括领导者辨才用人、战略思维、运筹谋划、果敢决断、随机应变、开拓创新、组织指挥、协调沟通、凝聚激励等本领，它是一种综合能力，一种统筹兼顾的能力。

有这样一则故事：西汉时期，有一天，汉文帝在召见群臣以后，向右丞相周勃提出了一个问题："全国一年要判决多少案件？"周勃说："不知道。"汉文帝又问："全国一年要进多少钱粮？"周勃又支吾着回答不出来，满脸羞愧。汉文帝转而又问左丞相陈平。陈平回答说："皇上要了解这些情况，请询问具体管理这事的官员。"汉文帝问："那么到底去问谁呢？"陈平说："皇上要知道全国一年判决多少案件，可以问廷尉（中央司法官）；关于钱粮的事，可以问粟内史（中央管钱粮的官）。"汉文帝紧接着问："按照你说的，各个方面的事都有主管部门的官员负责，那你管什么呢？"这是一个单刀直入而又十分难以回答的问题，所有大臣都为陈平暗暗捏了一把汗，陈平却镇定自若地回答："我承蒙皇上看重，让我担任宰相。宰相的职责就是辅助皇上，出谋划策，让天下风调雨顺，万物欣欣向荣。对外，使四方诸侯、外族都归顺朝廷，还要使各级官吏都胜任他们的职务。"陈平一席话，说得汉文帝连连点头赞许。

作为丞相的领导力应该就是如此发挥的。领导干领导的事，是保证领导工作有计划按步骤开展的一个重要因素。要做到"领导干领导的事"，领导干部就必须时刻记住自己的职责，把自己的精力集中在作为领导的责任上，而不让精力做不必要的消耗。在领导工作实践中，领导干部的主要精力要放在组织工作、指导工作、协调工作和教育激励工作上，抓该抓的，管该管的。组织工作要做到：把人员安排在适当的岗位，从事适当的工作，做到用其所长，人尽其力；把经费和物资按计划需要合理地分配，做到财尽其利，物尽其用；把各种信息及时、准确、完整地传送到各有关部门和单位，使工作横向联系加强，工作效率提高。指导工作要做到，领导干部指导下属用科学方法进行计划和实施，不断地提高下属人员的素质和能力，帮助他们克服各种困难，鼓励他们勇于开拓，大胆实践。协调工作就是领导干部和领导机关调整各级组织之间，上下级之间、人和人之间、人和物之间、人和任务之间的关系，做到综合平衡，上下团结一致、步调一致地按计划完成工作目标。教育激励工作是领导干部调动各级组织和每个成员积极性的重要手段。领导干部要不断地对每个下属进行再教育，提高他们的政治、业务、技术、文化水平，使之适应工作的需要。同时，也要不断地激励全体人员的士气，使他们正确对待本职工作和所完成的任务，把全部智慧和能力投向决策目标的实施之中。

作为领导，要做决定、担责任、应对如此复杂繁多的事情，时间对于他们来说真是最宝贵的财富。所以要求领导们要有强烈的时间观念和运筹时间的本领，这样才能更好地发挥领导力。时间无形，亦无弹性，无替代品，租不到借不着，更买不到，人们也不能用其他方法取得更多的时间。时间一旦流失，就永不回头了。而现在不少领导干部经常感到苦恼的就是：时间不够用，太忙。有些领导甚至每天工作十几个小时，但是还有许多事情处理不完。每天都在上演"吃饭有人等，办公有人找，路上有人拦，睡觉有人叫""白天下会海，晚上爬上山"的真人秀。不可否认，忙是领导干部的正常现象，也是工作积极、事业心强的一种表现，只有什么事都不干的人才不会忙。但是，忙应该有限度、有秩序、有效率，不能"瞎忙"，要合理安排时间，工作要有计划性，有条有理，做到忙而不乱，忙要忙到点子上，忙得有效果，凡事能够分清轻重缓急，事先做好准备，遇事才不会手忙脚乱，浪费时间。常言道"时间就是金钱"。作为领导者，更应该抓住一切节约时间、创造财富的机会。时间是常数，是恒定不变的。会变的是人，人是变数，应该掌握的是变数。为此，该管理的对象是人自己，而管理自己必先从认清自己时间到底花在哪里开始，认清自己哪些活动、哪些工作该做，哪些做了也不会有成果，又有哪些活动根本就是浪费时间，毫无价值可言，这是管理时间的先决条件。这就需要人们对自己的生活进行规划，而且人们确实这样做了：今天晚上去看什么电影，下个周末去哪里玩……计划有大有小，有的比较符合实际，有的则不然，有的是长期，有的则属于短期，有的计划并不重要，而有的计划则影响深远……刚开始的时候，目标可能并不清晰，慢慢地，经过不断地筛选、润色，逐渐形成了一个比较集中的目标。人们的生活、社会中的一切都是这样发展进步的。正所谓"凡事预则立"，组织、团体也不例外。实际上，所有的领导力都始于掌控自我。只有首先做到领导自己，你才能领导别人。

领导力实际上是领导知识、领导经验，以及适应领导实践的性格、品德、文化和有关专业知识与能力等因素，在领导者身上的有机综合和凝结升华。领导力作为一种主观因素，是与实践有着密切联系的，并非无源之水，无根之木。如果说领导的方法、手段、知识、经验等是原料，那领导力则是产品，已经变得琳琅满目，用途广泛。

领导活动是人类社会古老而又普遍的实践，有其特殊的对象和内容、目标与规律、以及职业要求。领导力反映和体现了这种活动的最主要和根本的特点，没有这些特殊性，就不称其为领导人才。事实反复证明，一个领导人物没有领导特质或者是这种特质很差，就算不上领导人才，也当不好领导。领导力是领导人才的灵魂，是领导人才区别于其他人才的根本标志，一个领导者水平能力高低的主要表现和集中反映于领导力的发挥。作为领导者，也需要具备与其他人才一样的条件和素质，如意志坚强、知识渊博、勤劳勇敢、讲求效率、谦虚谨慎、实事求是等。这些其他人才的条件与素质可能是领导特质的基础或条件，但不等于就是领导力；具备这些素质可能成为了不起的科学家、艺术家、思想家，但不一定就能胜任领导工作，成为合格的领导者。

作为领导人才，仅仅具有这些素质还是不足以发挥其应有作用和影响的。领导活动涉及面较广，内容繁杂，一般都带有一定的随机性、创新性，通常没有完全现成的模式可循；领导作用的发挥其实是一个复杂的过程，包含着文化、经验、技巧、心理等各方面的要求；如果仅从文化知识的多寡、道德品质的高下、大脑神经的类型等单一因素上分高低、定优劣，并不能包括所有。有一些领导者做起事情来反应敏捷、行为果敢、思维缜密，这里既有高级神经活动的优势，又有视野宽阔的特长，还有阅历丰富的缘故。而且这些因素在领导者身上都有一个积累、融合、发展的过程，不可能只是一种因素在其中起作用，也不可能只是几个因素临时、简单的累加，把他们的行为归结为性格类型、文化程度、方法技巧，都是不符合实际情况的。事实上，领导者并不是天生的，而是不断在实践中成长、进步的。有的人在失败教训的磨砺下，由浮躁变得冷静；有的人随着环境的改变，由清高变得敦厚；有的人经历了艰难曲折后，由懦弱变得刚强；有的人在多次挫折的考验后，由刚愎自用变得平易近人。一个领导的诞生，虽然与先天因素有关，但后天的塑造更重要，起主要作用。没有后天实践因素，领导力的形成与发展往往是不可能的。

外国曾经有人做过这样一个"残酷试验"，他们把一个王子从儿童时期起就囚禁在一个狭小的黑屋子里面，每天除了给他一些生存必需的食物之外，什么也不让他接触，也不让人与他交谈。17岁该王子被放出来的时候，智力极其低下，不会讲话，不会走路，虽经过多种方法的教育也难以正常生活。在王子死后，专家对其大脑进行解剖来看，他大脑沟回简单、体积小，其发达程度还不如类人猿。如此看来，没有后天实践，即使是血统高贵的"龙子龙孙"也不能有任何作为。而历代一些开国君主，由于浴血奋战、历尽艰辛，获得政权，一般都有远见卓识，能治国安邦；而他们的后代，一生下来就封王封侯，享尽荣华富贵，生活奢靡，从小养尊处优，当权后很少有能够励精图治，继承祖业的。因此祖先用血肉打下的江山往往毁于此。

一个领导者是不是领导人才，应该主要看有没有、有多少领导特质，其能力、心态、品行如何。上文我们提到领导是一种社会分工，也是职业，它存在特定的思想行为要求，并非其他知识才能可以代替，更非人人皆可。如若没有领导力，就会连简单的问题也处理不好，特别在普遍实行责任制的现代社会，后果可想而知。无数事实说明，无论什么原因，如若没有领导力而一时成为领导者，充其量都只是历史上的匆匆过客，转眼即逝。反过来，无论通过什么途径成为领导者而又有领导力，大都会在实践中干得有声有色，以至彪炳史册，受到后世的赞颂。领导力的重要性，很突出的一点在于关键时刻的利用发挥。比如反败为胜或转危为安之时，这时候的领导者是决策者、统帅者，在事关整个集体安危兴衰的重大关头，何去何从，必须做出选择，只有领导者有权设谋拍板。疾风知劲草，烈火见真金。在关键时刻领导者将决定整个集体的生死存亡。站在指挥台上的人，总要面对各方问题，处理各种难题，这就需要卓越的领导力，对周围的世界产生影响，无论生活还是工作中，谁都不愿意被自己不能控制的力量左右。成长在某种程度上就是我们对周围的世界——父母、朋友、学校、职场，有多少影响力。不管从事什么工作，只要你积极主动并决心发挥正面的影响力，那么你就是一位领导者。

02

运筹谋划，大局在胸

人在迈出左脚的时候，很容易预见到下一步迈出的是右脚，但多走几步以后，心里是不是还那么清楚呢？很多的人其实是只能看到眼前，对未来没有明确的规划，只是凭着惯性，随意地走。所以大多数人的人生，也就不是他们自己安排的人生，而是一连串偶然的结果。棋坛高手和普通人的差别，往往就在于眼光的远近，高手能算到几十步之后的局面，一般的人也就只能看到两三步远。高瞻远瞩，才能运筹帷幄，这就是有计划的人生。人们常常将某人的成功归结于聪明和勤奋。聪明犹如一部车的四个轮子，灵敏、结实、质量很好，车要跑得快，跑得远，离不了这样的车轮，人们通常所说的聪明才智，就属于这个范畴。但光有好轮子显然不够，一部好车最重要的是发动机，没有发动机就没有动力，再精美的车子都只是摆设。对于人来说，发动机相当于激情、毅力，它使人产生创造的欲望，产生工作的积极性和持久性。然而，有这些也还是不够，试想，没有方向盘和刹车，车子就会跑得越来越快，结果也会越惨。对于人来说，这些控制着人生的方向和方式的因素，就是信念和理性。一个人成功的素质中，聪明仅仅是一种表面、浅显的东西，虽然必不可少，但并不是决定因素，光有聪明远远不够，如果其他因素掌握不好，聪明甚至是有害的。能够有计划地规划人生、事业，就说明你拥有了方向盘和发动机，掌控了自己的那部车，一步一个脚印，前进在路上，这样所获得的才是真正的成功。

古往今来，杰出的军事家不胜枚举，然可谓之"战略家"者，凤毛麟角。诸葛孔明"未出茅庐，已定三分天下"；毛主席在世界上最小最简陋的作战室里却指挥了世界空前的人民解放战争。孙子曰："不谋万世者，不足谋一时；不谋全局者，不足谋一域。"在我们人类社会中，任何群体，都是由各个部分组织而成的。部分组织之间常常是互相联系的，特别在同一集体中，或者所从属的更大系统中，联系往往尤其突出与紧密。这就要求领导者考虑、处理任何问题都应该注意上下、左右、前后各种因素的互动性，见木更见林，而不能孤立化、片面化，忽视其他因素。领导者看待、处理问题要从全局着眼，以大局为重，统筹兼顾，把一切重大问题统一起来考虑，把发展过程的各个阶段衔接起来看待，把握纵横经纬，层次方位。一个不能很好地掌握全局的领导者，将无法积极有效地贯彻决策，组织内外的各种要素会处在散乱的状态中，从而造成混乱，使整个组织陷于无政府状态，组织目标的推进和实现也将成为空谈。为此，领导者应该把主要精力放在事关全局的重要问题上。

首先要以整体眼光，培养战略思维。这里说的是领导者的宏观决策能力。领导者应该是战略家。在一定时期内，凡带有考虑顾及所有方面和所有阶段的问题，都是关乎战略的问题。领导者居于全局的统帅地位，因而要求他们具有战略头脑，即具有广阔的视野，统筹全局的能力，善于掌握和驾驭全局的发展规律，能够顾及到整体的各个过程。

众所周知，二战末期，日本偷袭珍珠港的事件，而鲜有人知当时在日本采取行动的前几天，美国情报局已经截获、破译来自东京的密电：预定12月7日拂晓进攻珍珠港。这一极其重要的情报，被美国总统罗斯福阅后束之高阁。他没有采取任何防患措施。其实，罗斯福另有打算。日本袭击珍珠港前美国一直保持中立，并未介入战争。这种看似安全的中立却危机四伏。当时已连任三届总统的罗斯福觉察到其中隐藏的杀机。他知道德、日、意是想要征服法、英、俄等国家后，再来对付美国……这对于美国来说将会是巨大的灾难，那时后果将会不堪设想。罗斯福知道，美国只有尽早加入战争，与英、法、俄等国结成同盟，才能打赢这场战争。但是，当时的美国民众则没有看到这一点，他们迫使罗斯福在竞选总统的演讲中作出保证决不派遣他们的孩子出国作战。罗斯福一直在寻找参战的契机。他想从希特勒这个战争狂人身上下手，而希特勒似乎看出了罗斯福的企图，于是果断地做出决定，竭尽全力防止把美国卷入战争。而认为"只有同美国开战，才无愧于国家的实力和光荣"的东条英机，倒是跃跃欲试，他给罗斯福带来了希望。事实证明破译的密电是真实可靠的，日本在罗斯福的装聋作哑下，偷袭珍珠港获得全胜。事已至此，美国民众看到了自己的愚昧、可笑，他们纷纷要求加入战争，保家卫国，于是罗斯福得到美国民众的支持，美国正式宣告参战。罗斯福为了打赢第二次世界大战，更是为了美国国家长远利益，忍痛舍弃了珍珠港。与此相反，东条英机得到了珍珠港，却把绞索架在了自己的脖子上。这就告诉我们，那些只见树木不见森林，只盯着局部胜利、目光短浅而胸无大局的人，最终将满盘皆输。

善弈者谋局，不善弈者谋子，这就需要谋划、具有战略思想。领导者考虑处理问题，要谋局、谋势，只有不拘泥于一事一时的得失，善于从全局上筹划，以全局得失为最高标准，重在谋局不重谋子，重在谋势不重谋事，才能取得最终胜利。领导者其实就是棋手。他能不能把棋下赢，主要取决于掌握棋盘的整个局势，使棋子协调、配合，精确估算整个局势的变化发展。一子、一步的得失固然重要，但是赢得一子、一步不是最后胜利，反而为了最后赢棋有时甚至需要舍出一两子，舍卒保车。领导者在下每一步棋都要看清楚全局的形势，观察棋盘全局，如果埋头局部事物，把精力集中在一两件具体工作上，则只能下出俗棋、错棋，损失就大了。领导者要成为战略家，掌握事物的发展规律，按照事物连续性、因果性的联系，根据事物的过去和现状，预见它明天的发展规律，这就必须比一般人站得更高一些，"不畏浮云遮望眼，只缘身在最高层"。

其次，要有谋略，把握重点，协调全局，学会"弹钢琴"。这里说的是领导者的组织指挥能力。可以进行综合平衡，对全局各个部分的力量使用加以调剂，做出合理安排与组合，使之各得其所，各显其能，使局部的潜能充分释放，弥补某些局部的不足或突破某些局部的限制，从而较佳地实现预定目标，有效地利用组织中的人力、物力等资源，推动组织目标的实现。领导者把握全局的能力，着重在于对全局的调控能力，学会把握方向、把握重点、协调全局。作为领导者，要从实际出发，结合外部环境，一切以大局为重，以集体利益为重。我们熟知的田忌赛马"胜多败少"就是协调全局的典型例子，这也就是说领导者要讲究谋略。

对于现代社会的领导者，一定的谋略是成为一个杰出领袖的必备条件。足智多谋的将帅可以在战场上所向无敌、百战百胜，而足智多谋的领导者亦可以在从政为官的道路上节节胜利、步步高升。谋略，实际上是一种根据不断发展变化的主客观条件，随机应变，随时调整自己行为的一种应变能力。具有谋略的领导人才，不因循守旧、墨守成规，能够从平静的表面中发现新情况、新问题，勇于开拓，大胆提出新设想、新方案；对前进中遇到的挫折和难关，不会乱方寸、无对策，而能镇静自若、冷静思考、准确判断，变被动为主动、变失利为有利，反败为胜、化险为夷；对复杂的各种关系，能有条不紊地处理。

20世纪80年代，美国的可口可乐公司董事会主席葛施达在企业面临困境时，曾做出两项令人瞠目的决策。一是花巨款买下哥伦比亚电影公司。二是花大价钱租用电台城的音乐厅。在常人看来，可口可乐与电影、音乐根本没有什么关系，然而葛施达却独具慧眼，巧妙地发现并利用了它们的相关性：在电影院销售可口可乐，看电影时要是每个观众喝瓶可口可乐，这样销量会可观，而且影响会慢慢产生，消费群体会慢慢建立；而在电台城举行盛大音乐会，提供可口可乐作为饮料，大家喝了以后还可以为可口可乐做宣传。这样做的结果很明显，可口可乐在各种饮料竞争中大为畅销，一跃而名列第四。卖可乐与演电影、听音乐本来风马牛不相及，但葛施达却把它们联系在了一起。他的重点始终是可乐，抓住这个重点，发散思维，重新找寻商机。足见他的思维的宽阔与丰富，也足见这位领导者是多么的足智多谋。神机妙算的谋略往往使人想常人所未想，做常人所未做，取得意想不到的成功。作为领导者，倘若不善于识要害、抓大事，即使所从事的事业多么正当、进步，也不会有什么成效。好比抖落衣上灰尘，一定要抓住衣领才行，否则效果不好。

同样是上个世纪80年代，名震航空界的美国人民捷运航空公司董事长伯尔，在1981年公司创建时，发现一个现象，许多人不坐飞机是机票价格他们承担不起，于是他便简化购票、服务内容，聘用的职工多是兼职、薪水很低，这样一下子把机票价格降了三成，结果客流量猛增，公司规模不断扩大，飞机也由原来的3架增加到60架。在获得巨大收益后，其他的老牌航空公司对捷运航空群起竞争，纷纷采取手段降低票价，董事长伯尔见势不妙，担心自己平民化的飞机不敌这些大亨的豪华宝座，于是投巨资改装飞机，扩建候机厅，采用电脑订票等，结果不到两年就赔了100多亿美元，最后不得不宣布破产。这是作为领导者的一个失败尝试，结果不仅输掉了竞争力，整个集体都不复存在。这就告诉我们，作为领导者，要学会把握重点，扬长避短，把主要精力投入到关系全局的关键中去，而不是人云亦云，迷失自我。领导者要在工作中总揽全局，防止和克服片面性。要周全、冷静地考虑与把握，实现"眼中形势胸中策，缓步徐行静不哗"。否则，就容易混乱与片面，很难做到清醒与全面。

再次，要围绕整体目标，进行系统思维、全局控制。这里说的是领导者的思维以及控制能力。它是领导者把握中心、驾驭全局的重要体现。为此，领导者要紧紧围绕整体目标，进行全局控制。汉代刘向在《说苑》讲了一个著名的故事："园中有树，其上有蝉，蝉高居悲鸣饮露，不知螳螂在其后也；螳螂委身曲附欲取蝉，而不知黄雀在其旁也；黄雀延颈欲啄螳螂，而不知弹丸在其下也；此三者务欲得其前利而不顾其后之有患也。"这就是大家熟知的"螳螂捕蝉，黄雀在后"的故事，它形象地比喻，凡事如若不全面权衡，环顾周遭，就很容易像螳螂与黄雀那样，虽可能有得，但反而有更大危险。在这个故事里面，真正的领导者是最后的"弹丸"，它是懂得统领全局的。它启示我们要用全局、连续、联系的眼光来看问题，任何事物的产生与变化，总是由一定的原因所引起，而这种引起一定结果（客观事物）的原因，又总是由另外一种原因所引起。事物之间的这种因果关系，具有前后相继性。身为领导者，特别是高层领导者，看问题如果片面、孤立，结果很容易顾此失彼，挂一漏万，甚至从一个极端走向另一个极端，影响其他问题的解决，乃至把整个事业毁于一旦。领导者如无全局观，无论处于有利还是不利情况，都有可能陷于被动，或因一时有利就沾沾自喜，盲目乐观，忘乎所以，正如故事中的螳螂、黄雀；或因暂时不利就悲观绝望，万事皆休，死去活来。鲁迅先生曾说过，"那种咀嚼着身边的小小悲欢，而且就看这小悲欢为全世界的人毫不足取"。

大凡有远见卓识者都很善于从全局观察和处理问题，胸有全局的作用和意义在于，可以使领导者审时度势、科学揣度、利用形势，身处特定的时机与环境时具体问题具体对待，不生搬硬套经验，势不可当。全局观对领导者来说实在非同小可，这就必然要求领导者加强这一方面的修养，努力提高驾驭全局的能力。做到这一点，除了谨记目标、练就战略思维、谋划策略的一些共同要求以外，还要善于进行系统思维。

所谓系统思维，是指把工作对象作为一个多方面联系、多要素构成的动态体系来看待，思维网络包括时间、空间、人力、物力等，这是一个有多个指向、多个起点、多个评估坐标的系统。领导者善于进行系统思维，实际上就是要使自己的思想符合客观实际，做到眼观六路，耳听八方，视野开阔，思虑周密。如遇事要对立统一的角度看，既要看到某一部分、某一方面，又要看到其他部分、其他方面；既要看到现象，又要看到本质；既要看到部分，更要看到整体。系统思维，顾名思义，就是心中有一个系统，有全局。在任何问题上都关心全局，维护全局，服从全局。而坚持系统思维的反面就是一维式思想、点状思维与片面思维。领导者的思维如果呈线型，只朝一个方向，既不会拐弯也不会扩散辐射，局限于某一点、某一面，就难免出现决策失误，在实际工作中，人们总是各有分工，专注于本职工作以及个人利益，这不足为奇。而领导者如果也是如此，什么亏也不愿吃，什么利都想得，搞本位主义，结果不能不令人担忧。

在第一次世界大战结束后，法国为了防御德国进攻，在法德边界构筑了著名的"马其诺防线"。它由法军统帅马其诺、乔治等提议修筑，历时九年，全长750公里，耗用水泥200万吨，钢铁15万吨，当时被称为世界上最大的军事工程之一。同时，在这条防线上还配备了良好武器装备的军队，所有人都认为它"固若金汤"。唯独戴高乐将军指出此乃消极防御，不足为屏，但是没有引起当权者注意。果然，第二次世界大战一爆发，希特勒的军队绕过这道防线，另辟蹊径，从比利时的阿登山区进入法国，一举攻占巴黎，这个坚固的要塞不攻自破。马其诺防线没有发挥出预想的效果，法军领导人一味自鸣得意，只知道"消极防御"，不知"条条道路通罗马"，被希特勒钻了空子。领导者应该按照整体性的原则，在全局中求异、求新，同时了解部分，分析结构，研究联系，把握功能，总之，领导者不仅要具备宏观决策能力、组织指挥能力，还必须具备把握中心、控制全局、使整体组织沿着既定目标前进的能力。

03

把目标放在心上

佛经曰："智乃是非抉择，慧乃取舍定夺。"智慧就是"是非抉择"与"取舍定夺"，也就是"是或非""取或舍"的抉择与定夺。《大学》又曰："事有本末，务有始终，知所先后，则近道也。"就是"本末或终始"要能知所先后，则接近"道"了，这里的"道"是智慧的意思。就是说，能够了解把握先后就是智慧了。

如何抉择、定夺，把握先后，首先要知道自己的目标是什么。目标定位之后，才会有思路，有行动，才会有最后的结果。那么什么是目标呢？对"目标"一词，各人的解读不一。学生的目标是考上名校，企业的目标是获取利润，政府部门的目标恐怕是争取更多的预算，而一般人的目标则是生活条件获得实质性改善。一种是有的人认为目标是实现自己想要做的事情，是实现了的梦想，激动人心，令人振奋。这种人从一开始就选择自己喜欢并对自己有意义的事情去做，实现自己的目标。随着时间的推移，你获得了经验和技术，精于此道。因此你有更多的机会去做这些能证明自己价值的工作。你的生活会越来越充实，你的满足感会越来越强。另一种是有的人认为目标是对必须要做的事情的设定，就是按照社会教会你的去做，实现别人的目标，虽然你并不喜欢，慢慢地日积月累，你可以获得经验并把它做得很好。因此你将有更多机会去做诸如此类的工作，你升职、做老板，成为CEO。所有人都以你为荣，希望你做更多你不喜欢、也不适合的工作，你感到生活变得越来越没意思，对自己也越来越不满意。甘地说，只有充满快乐的工作才有意义。有时候，关于生活目标的两个选择的想法使人们感到沮丧、迷茫。这些不好的感觉都源于人们自身没有把握自己的目标，我们总是能够不时瞥见它的踪影，但是只有它出现时集中精力，我们才能抓住它。

目标的生活原则就是"做你喜欢的，喜欢你做的。"你必须寻找并走自己的路。这样你才会进入信念、成功的轨迹。我们小时候通常会遵循别人的路，它一般来自父母或者某种传统。周围的人给我们做了榜样，我们都在遵循这些方式，至少在一段时间里是这样的。比如贝多芬、毕加索，他们早期的作品无论技术上还是内容上都非常出色，但是这时的他们是在模仿别人，有继承性。最终，他们创造出自己的风格。贝多芬在晚期弦乐四重奏中创造了自然的奇观，而毕加索创造了立体画派。他们的作品卓尔不凡，这些自我创造只属于他们。所以关键是找到什么适合我们，这样才会有自己的路走。我们不必拒绝小时候的别人和传统，但是，我们要开创自己的风格。这个过程也许很长，但无论你的年龄有多大，寻找适合自己的道路的过程都将会使你的生活更有意义。你会不断加深对自己与目标之间关系的理解，通过确定目标并实现它，有自己的能力、贡献、独特经历，你遇到的障碍和考验包含着强烈的教训和巨大的机会，并给予你力量，支撑着你，这将是你生命中最宝贵的财富。

个人的目标会对个人产生激励作用，同样，共同目标对团体也会产生激励作用。一个政府、组织、单位都有责任制定共同的目标；领导者是"一种能够聚集人们实现一个共同目标的人"。所以领导者有责任帮助下级制定个人的奋斗目标。目标不是命运，它是方向；目标不是命令，它是承诺；目标不是要决定未来，而是要利用资源与能力创造未来。目标既指引人们奋斗的方向，又鼓舞人们奋发向上。它是一种力量，为了实现既定的目标，人们会心向一处想，劲儿往一处使；人们更会为目标的实现而兴奋不已。目标本身不是动力，它却能引发人的动力。美国心理学家弗鲁姆于1964年提出了"期望理论"，认为人的激励力量来自于对目标的期望。一个人对目标的期望值越高，激发力量也就越大。这种激发效应不仅发生在个体身上，也会发生于团体或组织，甚至能调动整个社会的力量。比如，众所周知的，中国共产党的成立，给中国人民带来了建立一个新中国的希望，从此，一盘散沙的中国人民在中国共产党的领导下，拧成一股绳，齐心协力、前赴后继地拼搏奋斗了38年，终于实现了建立一个新中国的伟大目标。在中华民族的历史上，从来没有产生过如此巨大的、持久的力量。这一力量在很大程度上就是目标激励的结果。

在现今的组织集体中，多数都在实践着目标管理思想，其核心就是激励，即把组织目标转化为个人目标，把实现组织目标转化为实现个人目标的一种手段，以目标来激励组织成员的自我管理意识，激发其自觉性，促使其充分发挥智慧和创造力。组织目标对于组织成员是一种直接的凝聚力量，又是个人目标的基础。目标激励的原则，是为了激起人们设置自我奋斗目标的欲望，使其形成内在的需求动机，让较多的人自觉进入最高需求层次，进入实现自我价值的境界。从激励方法的层面上，领导者应帮助下级和职工确定他们各自的行动方向、行为目标和行动方法，并给予必要的外在条件，为他们创造一个较为宽松顺畅的精神氛围和必要的物质环境。还应该采取一些措施奖励确有成绩者，以此扶助、强化他们的自我激励意识。没有适当的奖励，就不能持续地激起人们内在的强化行为，如自我设立强化目标，自我评价个人行为，自我强化行为强度等。这种目标激励的方法心理效用很明显，它使人产生对事业成功的满足感，一种愉悦的精神享受。人们尝到了这种享受的甜头，增强了对组织的归属感，便会继续追求新的目标、更高的目标。反之，如果目标不能实现，则会给人带来挫折感，降低对组织的期望值，影响人们的积极性。

目标既然如此重要，这就需要领导者把目标放在心上，认真设定目标，从全面的角度保证目标的如期实现。这就需要遵循一些原则，首先，目标要简单、明确、具体，避免过于笼统。应该包括三个条件：时限设定、行动计划、评价系统。其次，目标要分解和展开。总目标要展开为具体目标、步骤，长远目标要分解为阶段目标，组织目标要分解为个人目标。不分解和展开，目标就无法落到实处。再次，设定目标要做到上下结合。领导与群众要相结合。目标的确定不仅有科学性的要求，还有民主性的要求，这样才能"人人心怀目标"，一言堂是成不了什么气候的。目标的制定与实施的整个过程是深入群众、发动群众的过程。没有群众的真实参与，目标的实现就会遇到种种困难。目标的设定既要可行，又要富有挑战性。目标应在员工的能力与技巧所能达到的范围内，但若目标太低，没有了挑战性，就失去了激励作用，同样对员工也是一种侮辱。既然目标可以调动个人和团体的积极性，可以鼓励人心、凝聚人心，产生巨大的合力。那么组织应非常重视宏观目标的鼓励作用以及对群众力量的凝聚作用。在制定目标以后，就迎来了达成目标的过程，

如何掌控这个过程呢？要明确目标的界限，用目标和组织的价值观设定这个过程的内容和规则，由领导者来安排人员的配备，此后给员工足够的自我发挥空间。组织中的每个人，唯有确定自己的职权范围，才有充分掌控工作内容的自由。作为领导者，要学会尊重、倾听并且实践员工的想法、感受、需要与梦想，经营管理的最高指导原则就是尊重员工个人的价值。因为除非组织中所有人全部支持你，不扯你后腿或者搞暗中破坏，你才能真正掌控一切。

第四章

深刻敏锐的
洞察力

在现今市场竞争激烈的时代，领导者每一天都要处理形形色色的问题，面对千头万绪，能不能有轻有重、有主有次地区别对待，这不仅关乎领导艺术，还关乎领导的见识。领导如何做到小事明白，大事更清楚；看到小处，更看到大处，这就需要领导者有深刻敏锐的洞察力，在识人用人、预见推测、把握商机等方面有足够的观察和领悟，这样才能从根本上保证与促进事业的发展。

01
伯乐识良驹

　　一切竞争，说到底都是人才的竞争，当今世界各国，"人才是最重要的资本"已经成为国际活动中新的价值观。重视人才，重用人才，已经成为中外商界的共识。怎样识别人才，选拔人才；怎样使用人才，沟通情感，都已成为许多商家、企业家认真思索并且正在实践的重大问题。

　　世界上第一宝贵的资源是人才。无论任何事情的实现与成就，无不需要人的聪明和智慧。人才是领导者的珍宝。善用人才，善用头脑，一直是作为领导者的成功智慧。

　　在战国时期有这样一则故事，一天，齐国的齐威王与魏国的魏惠王一起到郊外打猎，魏惠王一脸骄傲地问齐威王道："齐兄，你身为一国之君，肯定有收藏的宝物吧？"齐威王干脆地回答："没有。"魏惠王说："像我这样的小国，我都收藏了10颗珍珠，它们一起发出的光芒可以照亮12辆车子。而你们堂堂齐国，何以连一件珍宝都没有？"齐威王微微一动，悠悠地说："我有一些珍宝，但是跟你所说的珍宝不一样，我有一个臣子叫檀子，我派他驻守高唐，这样北方的赵人不敢来打渔；另有一个臣子叫黔夫，我派他驻守徐州，能管理徐州那里四方往来的百姓7000多户；我还有一个臣子叫种首，我派他防备盗贼，百姓可以路不拾遗、夜不闭户。像这样的珍宝，它的光辉可以照亮千里，何止你说的12辆车子？"人才才是最宝贵的珍宝啊！齐威王的一席话，着实道出了齐国富强的原因。

德才兴邦，德才兴业。我国古代许多领导者，本身并没有什么高超的本领，但因为能够利用人才，从而能够成就一番伟业。齐桓公有了管仲，成为春秋第一霸主；刘邦有了萧何、韩信，最后击败项羽，建立西汉王朝；刘备有了诸葛亮，摆脱了寄人篱下的困境，入主巴蜀，成就了三国鼎立的局面。在近代，第二次世界大战之后，日本的崛起，德国的复兴，在国际范围内引起很大的震动。为什么会出现这样的奇迹？其中一个主要原因，就是这两个国家都拥有大量的人才，并且每一个人才都得到了尊重。日本在明治维新之后，一直重视国民的教育，重视人才的培养。而德国在二次大战之后虽然元气大伤，但是人才还在，科技还在，知识是谁都偷不去的，所以日本和德国很快就复兴了，并且得到了迅速的发展。事实证明，凡是能够率领所在群体不断取得胜利，走向发展的领导者，都能够知贤、推贤、引贤、用贤。

用人是领导者识人的目的，用得是否得当是知人善任的关键。"简能而任之。择善而从之，则智者尽其谋，勇者竭其力，仁者播其惠，信者效其忠。"然而，能做到任贤使能谈何容易。有的人在一个地方是一根草，换到另一个地方成了一个宝。同样一个人，为何价值作用如此悬殊？古往今来，多少兴衰、悲欢一再证明，用人是一门学问，一门艺术，它需要了不起的睿智与洞察，一切领导者都应深谙此道。领导者要正确了解、认识别人，当然要有一定的方法。随着经济与科技的迅速发展，社会分工越来越细，人才的种类也是越来越多，鉴别的标准不断改变，如何评价、辨别，各有不同。不过，从根本上看，识人的标准还是有一些共同之处的，或者说存在一些共同准则不容忽视。

首先，要透过现象看本质，不能以貌取人。"夫人之性，莫难察焉。美恶既殊，情貌不一。有温良而伪作者，有外恭而内欺者，有外勇而内怯者，有尽力而不忠者。"正如俗话说："人不可貌相。"有的人貌似忠厚而行为骄横，有的人看似刚毅坚强实则软弱怯懦，有的人貌似孤傲实则谦逊，有的人面目不雅实则心地善良，有的人外表玩世不恭实则品行高洁。实践是检验真理的唯一标准，要准确地鉴别人才，可靠的方法就是通过实践，由里及表，发现人才。

据史料记载，大禹、商汤都是瘸着腿走路，而齐国的晏子身材矮小，其貌不扬，却有着杰出的政治、外交才能，司马迁很佩服他，曾说：如果同在一世的话，甘愿为他赶马车。国外也有如此的例子，法国路易十四身高不足一米六，而众人皆知的音乐天才贝多芬也仅仅一米六。然而，他们都是历史上的巨人。也有人长得样貌端正，却德才欠缺，甚至恶贯满盈。清朝大臣和珅，年轻时玉树临风、风流倜傥，精通满蒙回藏四族语言，琴棋书画、诗词歌赋也是无所不能，是大清少有的极品美男子，为皇上宠信之极，官阶之高，管事之广，兼职之多，权势之大，清朝罕有。而且《红楼梦》也是由于他的慧眼才得以发现和流传，但是他利用滥权所欲，骄奢淫逸，乱政祸国，最终被嘉庆皇帝以"二十大罪"赐死。如果单凭相貌等外在因素判断一个人，根本就是一叶障目，不得真知。荀子为此专门写了一篇文章《非相》，批判唯心主义的相人术，直指以貌取人的荒谬。他说，"相形不如观心，论心不如择术"。

其次，要看真才实学，用人所长，才尽其用。在用人时，就要"扬长避短"。

任何人的知识、经验、能力、体力、智力，都有其专门领域或者适用性，其思想、品行、性格、习惯、兴趣一般都有可取之处。但是谁也不可能十全十美，集所有优点于一身。俗话说："金无足赤人无完人"。既然人各有所长，用人就只有用其所长，不拘一格，充分发挥其长，才能保证事业成功。否则，领导者就会觉得没有人是有用的，而且什么事情也做不好。正如俄国一俗语所说："鞋匠做糕饼，厨子做鞋子，那就别指望有什么好结果。"有效的管理者择人任事和升迁，都以一个人能做些什么为基础，他的用人策略，不在于如何减少人的短处，而在于如何发挥人的长处。正所谓"忘其短贵其长"，作为领导要在态度上有容纳人才短处的雅量。先看他能够做什么。如果一个领导只是盯着下属的缺点，那么就只有无人可用了。在一开始，就用放大镜来寻找人的短处，对这些有过之人耿耿于怀，那就谈不上用人所长了。

知人善任是一种领导艺术。古往今来，大凡有作为的领导者，都知道用人不可求全责备、论大功不寻小过的道理。汉高祖刘邦就是这样一个典型。他用人只求独当一面而不要求文武齐备，他深知人无完人，因为他本人就有很多缺点，他所用的人大都也是如此，但是都有一技之长，合起来就是一个整体，无往不胜。人之所长各自有异，千差万别。领导者能够专才专用，适才适用，各就所宜，使人能够"八仙过海，各显神通"。凡是有才能的人，往往恃才傲物，狂傲不羁，所以用人之道，贵在不拘一格，用我所用，人尽其才，发挥最大的效果。领导者应学会在技巧、方式上做到充分发挥所用者的优势，防止与克服其弱点，尽收其利而免受其失。人的长短是对立与统一的关系，长处得以充分发挥了，短处自然就不那么明显了；扬长当头，克短在其中；克短当头，扬长也在其中。

用人所长，主要是为了发挥他们的不同作用，其中包括时间、年龄的使用效益，人的一生，智力、体力与精力存在不同状态，使用的时候只有根据具体情况才能人尽其用，应该对其有机组合，优势互补。谁都知道，没有经过修理的花朵不过是一堆乱草而已，而那些精心修整的花丛或许可以散发出别样的芬芳。对于一个整体而言，要高效能地运转，应该注意各种人才的安排、组合。在现今这个竞争激烈的时代，个人单枪匹马地奋斗，成功的机会越来越少，而拥有一支结构合理的人才队伍，彼此之间相互合作才是制胜的法宝。因为人都有自己的个性与特点，这就要求使用他们时必须进行有机组合，优势互补。人在集体中工作，与单独劳动相比，情形大为不同，在集体中工作要受他人的影响，诸如知识、经验、水平、个性等因素。彼此之间如果关系融洽、配合密切、以诚相待、就可以取长补短、干劲倍增，这样每个人的能力都得到提高，使整体的效益也会增加。反之，如果互不服气、互相猜忌、相互设难，就可能摩擦四起，内耗丛生，削弱人才个体的水平能力之外，还会使整体效益小于局部之和。在群体中工作，要学会合作，应了解对方的经验、专长等特点，了解其相互间是否相容、协调，有机地把他们组织在一起。如果"乱点鸳鸯"，随便配置，胡乱搭配，也很难取得应有的用人之效。有一则谚语说的好。在天堂里，英国人做警察，瑞士人当领导，德国人当工程师，意大利人做情人，法国人干厨师。这就是说人才需要有机组合，文武并用，各得其所，各尽其用，每个人的长处得到发挥，只有这样才能彼此协调，完成任务。

上面我们说到领导者如何发现人才，利用人才，那么在实际的工作与生活中，领导者应该怎么对待下属，用什么价值观、态度与方式处理上下关系？这既是他们是否真正善于识人、用人更高意义上的衡量，更是他们是否真正善于识人、用人的基本前提与保证。我们都听过"周公吐哺，天下归心"的故事，领导者只有爱护、关心、尊重、信任、理解下属，才能使他们披肝沥胆，在所不辞。日本许多企业就提倡"家族主义"。职工受雇于公司如同加入一个大家庭，公司领导好比家长，员工都是子女或亲属，各级领导要像家长、兄长那样爱护与关心员工，员工也要以公司为家。其可取之处在于公开承认人的价值，实际上正确指出了领导者起码应该如何对待下属。"乐民之乐者，民亦乐其乐；忧民之忧者，民亦忧其忧。乐以天下，忧以天下，然而不王者，未之有也。"人是兴业强国之本，对他们是否爱惜，也就是对自己事业有无远见卓识的把握。领导者厚待贤才，目的就在于发挥他们的作用，以取得事业的成功。人们对自身的价值都有一定认识，尤其是才高品洁者，这种自我意识更为明显。而用人者是否爱护他们，都会使他们觉察到自己是否受到应有看待与重视，直接影响其积极性与主动性的发挥。

领导者要关心下属，要注意满足不同领导对象不同的基本物质需求与精神需求，尤其是他们在工作或生活上遇到重大问题，很难解决或不能完全适应时，在物质或精神上给予一定帮助、照顾、理解、安慰、鼓励、问候或支持等。人们从事某种工作劳动，特别是要做出较大贡献，都带有一定的探索性、创造性，压力会很大，要付出较多的代价，理所当然，领导者应该给予他们关心。在生活困难时给予适当的帮助，取得成绩时给予热情鼓励，遭受挫折时振奋其勇气，乃至平时经常主动地嘘寒问暖，这对于保证下属们心情舒畅、干劲充足地投身工作中是不可缺少的。如果采取相反的态度，冷若冰霜，不闻不问，视同陌路，必然会引起他们的不满、愤慨，继而挫伤积极性。

员工的潜力和积极性被人挖掘并得以发挥，不仅在于领导的爱护与关心，还在于其自尊心是否得到尊重与认可。每个人都喜欢并渴望得到别人的欣赏与认可，希望自己的存在价值能够被人发现、认可。即使是才能再平庸的人，也会为自己微小的优点引以为豪。那么那些有才能、有本事者，由于劳动更加艰辛，能做出较大贡献，认识与改造事物的能力较高，独立性较强，这种精神需求表现得更加强烈。一些有抱负的仁人志士，甚至把人格与尊严等心理需求摆在第一位，艰难困苦在所不辞。对下属，领导者应该注意尊重他们，给他们"面子"，对待他们有礼有节，多鼓励、体谅、宽容。如果领导者自以为高明，自恃权高，对下属颐指气使，动辄训斥，甚至语多凌辱，那么最后倒霉的只有自己。

然而一般说来，尊重上级容易做到，尊重同级也不难，但是尊重下级就不那么容易了。很多时候，在隶属上下级关系的交往中，尊重往往流于表面、形式因或显得虚伪。尤其在进行批评的时候，这个分寸更难把握，难怪卡耐基说："我们在他人面前呵斥一个小孩或者下属，找差错，挑毛病，甚至进行粗暴的威胁，却很少去考虑人家的自尊心。其实，只要冷静地思考一两分钟，说一两句体谅的话，对别人的态度宽大一些，就可以减少对别人的伤害，事情的结果也就大大的不同了。"作为领导，要充分了解人的心理，在任何时候做出适宜的反应，而不是图一时之快，乱了章法。领导者还应做到"用人不疑"，对下属多一些信任，这样使下属感到自己的价值得到更充分的承认与赏识，自尊高度实现，产生极大的自豪感和满足，从而发挥工作热情，以图相报。有作为的领导者，对信任下属、用人不疑的必要性与重要性都具有共识，视之为调动人积极性的一条共同经验。

战国魏文侯明明知道乐羊的儿子乐舒在中山国做官，却偏偏派他去攻打中山国。因为他通过大量事实和别人的介绍，知道乐羊忠于自己的事业，会大义灭亲，而且有杰出的军事才能。乐羊灭掉中山国回朝后，魏文侯赏给他一个箱子，打开一看，里面全是朝臣攻击乐羊的奏折密信，但是魏文侯了解乐羊，选择了相信他，这就是流传至今的"藏书任将"的故事。信任是对一个人深刻了解后的确据，意味着从思想到实际行为都对对方有了充分的认识与赏识。对下属要多点信任，关键之一就在于领导者本身要能够明辨是非，善于识破谗言诽谤。领导者如果对下属总是疑神疑鬼，听风就是雨的话，必然会招致恶果。这样，下属往往进退两难，无所适从，难以充分发挥作用。对下属无端猜忌，心生芥蒂，长此以往，误会丛生，继而反目，那么只有成为孤胆英雄的下场了。如若一时无法断定是否值得信任，那就保留一定的制约，不必放手，必要时要通过实际考察。但是如果已经充分了解，则应以诚相待，予以信任，放心托付，大胆使用，领导者在此应该具有非凡的胆识。

"士为知己者死"是多少领导人渴望、期盼的效果。然而，做到这一点着实不易。这就需要领导者爱护、关心、尊重与信任下属，只有这样才能安排下属，掌控全局，达到双赢。人是感情动物，不是只有物质需求，人的需要按其重要性和产生的先后顺序来看，分别为生理、安全、归属、受尊敬、自我实现五个层次。领导者在满足了他们的情感需求的时候，如被信任受尊重，他们才会觉得领导者可亲可近，内心的距离也就缩短了。这样会更好地鼓舞士气，从而提高生产率。在中国，早就有"曲终奏雅，逆取顺守"之说。也就是说在争取权力的过程中依靠欺诈、暴力等不正当手段，而成功后则应该表现出仁慈与信义等，这样才能淡化、平息臣民的怨恨，回笼人心。倘若继续施暴，毫无德行，就会使属下"旧恨添新仇"，更加不满，也就很难巩固、维护已有的统治。马基雅维利在其《君王论》中说："君王要想确保他的大臣对他效忠，就应该替他的大臣着想，要尊重他，要让他富有，要予以仁慈的关怀，赐给他荣誉，授给他重任；这样，让他看到他是怎样地依赖于君王，让他获得了显爵厚禄之后，不会企求其他的富贵……当君王和他的大臣处于这样的相互关系中时，他们是能够彼此信赖的。"

这里再次强调领导者要协调与下级之间的关系，妥当使用他们，这样人才的决定作用才得以发挥。也就是说，在一定程度上，作为领导者，要注意培养员工的主人翁精神，信任员工，予以重任，让他们有一种当家作主的感觉。一个组织的建立与运行不仅需要一些合乎逻辑管理的规则，还需要一种美好的感情，一种自豪的主人翁精神。这种精神给予员工自信和热情去完成一种创造。要发挥员工的主人翁精神，就应该让员工积极参与管理决策，鼓励员工发表不同的意见。如果掌权者不去考虑不同的意见，不去聆听多种声音，那么他的思路、眼界就会非常闭塞。所以，卓有成效的决策者往往寻求不同的意见，这样自己就可以参照综合，在各种选择中进行决断。同时，这种积极纳谏的机制可以激发不同员工的想象力。领导者所要处理的各种问题，不管是经济的、政治的、社会的方面，都需要有创造性的解决方案，否则就难以开拓新的局面。虽然有丰富想象力的人并不是很多，但是这种人也不像我们以为的那么稀少。想象力很多时候是一种潜在的能力。只有将想象力的开关打开，想象力才会像泉水一般汩汩流出。所以，作为领导者，要充分发挥员工的主人翁精神，听取他们不同的意见，并让他们参与其中进行决策、管理，这样才能保证工作的科学性，提高集体运作的效益。

还有一点就是领导者学会知贤用贤之前，首先要自贤。好比镜子中的物体，自己首先要有光彩、亮点，反映出来的才会是夺目的事物。有这么一则故事，传说有一次佛印禅师与苏东坡相对打坐。苏东坡问佛印禅师："大师，你现在看到的苏东坡是什么样子的？"佛印反问他："你先说说，你看到的佛印是什么样的？"苏东坡怀着竞争、好胜的心理，开玩笑地说："我在打坐时，看到的大师是泡牛粪。"而佛印却对苏东坡说："我在打坐时，看到的你是如来本体。"苏东坡洋洋得意地回家告诉他妹妹。但苏小妹却说："哥哥，你实在输得太惨了，你难道不知道佛教认为，人在修行期间一切外在事物都是内心的投射？你内心是一泡牛粪，所以看到别人也是一泡牛粪；人家内心是如来，所以看到的你就是如来本体。"

一个人内心的世界往往反应在外在事物上，对镜自梳，竟会各有不同。很难想象一个鄙薄粗鲁的人能够识别一个智人的深邃，一个天真幼稚的儿童读懂一个老人的风霜，一个无才无德的领导者会欣赏一个德才兼备的贤士。知贤用贤先自贤。反过来说，"强将手下无弱兵"，将的强弱是由兵的能力反映出来的。诚如台湾作家柏杨所言，"英明的领导人物，左右坐的多是智慧比他高，才能比他强的干部；平庸的领导人物，左右坐的多是智慧跟他平等，才能跟他相当的干部；猪猡型的领导人物，不论是凶猪、蠢猪，左右跪的多半是智慧比他低，才能比他差的干部"。对于一个平庸的领导者来说，最大的危险之一就是他的下属都是一帮唯唯诺诺的庸人，这些下级往往阿谀奉承他们的上司。一个精明的领导者需要在他周围有一批敢于发表不同意见的人，独立思考的人。领导应该鼓励每一个雇员积极地提出改进工作的建议，而且使他们知道他们的建议将会得到认真的研究。遇事与人商量大有好处，大多数人的意见是值得听取的，要善于利用下属的智慧，不要领导人一个独断。毋庸置疑，没有人喜欢像牵线木偶一样被人摆布。如果每一个雇员参与了管理，参与了做决定，那么他们会有比现在更大的热情投入到工作中去。知人用人的失误与荒唐，主要原因几乎无不在主事者的身上。

知人善任作为一种实践性的活动，当然不是易事，它涉及一系列的知识、经验、方法、技巧、能力等问题，但是自贤是最起码的基础与前提。缺乏这一基础与前提，不知或不愿知贤、用贤，就是面对众多英才也只会闲置浪费，视若草芥，肆意践踏。在历史上，明君也可能时用小人，但昏君却从来不用君子。这就要求一切欲知人善任、有所作为的领导者，首先应该具备谦虚、正直等美德，以事业为重，有容才之量。倘若气量狭小，嫉贤妒能，患得患失，老是担心下属人才超过自己，甚至打压迫害，尽管这样可以满足个人一时的虚荣心，但是整个集体就不可能形成强大的力量去开拓事业，也就成不了什么气候，自己也往往身败名裂。"毛遂自荐"是中国历史上较有名的一个故事。毛遂被埋没三年，平原君确实难逃知人不明之过。但当毛遂勇敢自荐后，赵胜终于知错就改，很快提高其地位，让他参与同楚王的谈判，仍不失贤者风度。倘若平原君仍一意孤行，毛遂即使有天大本事也恐怕无用武之地。

02
预见意识与战略意识

　　俗话说，好花不常开，好运不常在。很多事情，不是我们做不到，而是没有在最恰当的时候去做，因此错失了良机。在上个世纪，改革开放时期，中国的股市和楼市，造就了一大批的百万或者千万富翁，这些人成了股东，成了房地产商。而现今时过境迁，这些领域已经不再是那么容易淘金的地方。很多人，有理想有抱负，肯吃苦乐于付出，就是运气差了些。很忙，但是忙不到点子上；很累，但是赚的钱勉强糊口。其实幸运的人与倒霉的人，穷人与富人，差别不是有没有机会，因为机会到来的时候，是属于每一个人的，关键在于有没有抓住。他们的区别就在于，多想了一点点，多做了一点准备，多行动了一点。那么多的这些"点"是怎么来的？来自他们的预见能力。

　　预见能力主要依据对事实规律的认识，借助辩证逻辑的思维能力，对事物发展的趋势，未来的大致情况做出的推断和估计。它不是一项特异功能，也非与生俱来，它是人在生活中的感知能力、总结能力、判断能力的综合体现。没有预见能力的人，不会为自己的明天做足够的准备，也不会意识到等待多年却与自己擦肩而过的机会。这种能力是可以培养的，我们完全可以通过在生活和工作后中不断磨炼，让自己拥有这种能力。一个人肯定有他非常想做成的一件或者几件事情，尤其年轻人，很多人抱怨没有机会，那就只能等待。然而等待并非什么都不做，而是在这个时间里积蓄自己的力量，观察、关注与此事相关的人和事，了解他们，分析他们，寻求事物之间的共同与差异，细心比较，关注需要，也许别人的需要，就会带来成功。这样，你才会知道自己应该做什么样的准备，了解自己在等待什么样的时机。此外，要有自信，一个人对自己能力不自信的话，是不会有胆识与智慧去做事的，这样对于所谓的理想、目标只是想想而已，与外界绝缘，这样的惰性化学品，加入任何催化剂恐怕都不起反应，还谈何把握机会，获得一番成就呢？任何人做任何事都不可能一帆风顺，从开始到结束总会充满无穷的变数，有时候身处顺境，有时候情势急转直下，然而遭遇逆境并不是什么坏事，如果把它变成培养自己能力的机会，便会逆中求胜。好多事情我们自己没有做过，没有任何经验，这就需要我们从他人身上学习他们成功的经验或者失败的教训，好好研究他们之所以如此的原因，并结合实际的情况，进行借鉴，常言道：吃一堑长一智，这堑未必是自己吃，但是智还是要长的，自己的经历或许不多，但是智不一定就少。有智，自然能增加自己的预见能力。

上面谈到的是关于个人生活中预见能力的问题，那么作为一个组织中的领导者，一个领袖人物，掌控全局的人，该有怎样的预见能力呢？

作为领导者，同样无不希望自己的命运出现转机，更多享受成就大事的快乐。许多领导者孜孜以求，等待一个足以改变自己命运走势的机会。而事实上，机会无所不在，关键在于，当机会出现时，你是否已经准备好了。如何捕捉事业发展的良机，就需要领导者在扎扎实实做好目前工作的同时，必须清醒地看到事业的前景和趋势，也就是说，不仅要立足于现在，也要着眼于未来。一个组织要发展就应该有一个关于方向和目标的整体思路，也就是发展的战略构想。这种战略性的构想应该对集体在不同阶段的任务和目标有一个大体的界定。战略意识不仅仅是强调对战略的了解和认识，更是对战略要求细化的持续影响。领导一词，由"领"和"导"组成，本身就意味着方向性、目标性，把被领导者领向何方，导向何处。任何群体都要朝着未来变化发展，在这个过程中，一般都存在各种可能性，其中包括有利或者不利的方向与结果。这就要求作为统帅的指挥员目光远大，对所属群体的发展方向、可能与趋势心中有数，并能进行正确的引导、把握，当好"领头雁"，使得各项活动朝着好的方向发展，特别是高层的领导者，属下千军万马，手中亿万资财，他所指出的方向、提出的目标、做出的判断是否正确，直接关系很多人的前途、命运。人们对他的主要要求就是看在把握方向的问题上是否正确，而不是对那些琐碎的具体的事物做了什么，效果如何。毛泽东曾说，预见就是预先看到前途趋向。美国著名管理者华伦·丹尼斯根据自己在1985年对90位杰出领导人的研究，把预见能力列为领导者的首要能力，称之为"注意力管理"，即提出一个被别人接受的远景目标，这是领导者组建组织从现在跨到未来的大桥。

为什么人们一再强调领导者、掌权者的预见能力呢？或者说预见能力对群体有什么重要作用或者意义呢？我们可以从以下几个方面找到答案。

首先，它可以为群体指明正确的前进方向，确定正确的奋斗目标。方向和目标是指未来一定时期内所追求的目的与所要达到的结果指标，对实际活动起着一种根本性的规定和支配作用。而方向和目标的确定，主要是以对将来的预见为依据的，也即根据未来发展变化的趋势、过程、结果等的判断而做出的。在实际的工作中，有些领导者提出的方向和目标不正确，问题往往就出在对未来的认识存在误差。明明条件不成熟，发展趋势不客观，还要求群众一条道走到黑，结果不是为群众树立旗帜，而是带进了死胡同。

其次，在目标方向确定的基础上就要制定科学的规划来安排部署了。规划是为实现目标所做的安排，是关于实现未来目标的行动方案。规划的制定比目标更细致、精确一些，主要是依据对未来人、财、物等各种因素的预见进行的，充分考虑未来系统中的各个要素及其相互作用，以及各个方面、各个环节的有机配合。"先谋后事者昌，先事后谋者亡"。许多领导者无往不胜，其中很重要的一点就在于善于根据未来的各种可能性制定行动规划。

再次，做到以上两点，就可以掌控全局，使所辖制的群体未雨绸缪，防患于未然。忧患意识一直是人类社会的必备思想。任何人在工作生活中，多少总会遇到一些困难，一些风险，这是不以人的意志为转移的。如果事先一无所知，就会感到突然，手足无措；而如果事先有充分的认识和估计，就会有心理准备以及相应的承受力，勇于迎接挑战，及时调整行动，以退为进，渡过难关。在市场竞争中就是这样，一个领导者能够带领企业抓住市场机遇，推出一个好产品，一两年、几年内赚点钱并不难，难的是十年、二十年甚至更长时间还能立于不败之地。这就需要领导者拥有预见能力与战略意识，抓住机遇，以发展的眼光构筑特有企业文化、经营机制与竞争策略等，确立起自己的核心竞争能力，因此长盛不衰。而领导者如果缺乏高瞻远瞩，没有预见能力，凡事不懂得或不愿意先做一些估计、判断，就好比"盲人骑瞎马，夜半临深池"，即使大难临头也浑然不知。古往今来，也存在没有预见而获成功的领导者的事例，他们"临阵磨枪不快也光"，应付一时；但这种事例大都有其相当偶然、特殊的原因与条件；虽然可以一时得志，但往往不能持久。在绝大多数情况下，"不预则废"才是必然。没有一定的预见，一般都难逃厄运。

领导者高瞻远瞩，预见未来，跨越时间的栅栏，提前采取措施或者做好准备，这就需要有正确的思维方式和指导思想。培养预见能力，必须运用科学的思维方法。要善于进行超前思维，超前思维面向未来，是超越客观实际发展进程的预测性思维方式，发挥人的主观能动性。未来不是现实，怎么能看到呢？其实就是要求考虑事情的未来过程，并采取相应的措施。预见未来当然不能忽视历史和现在，但更重要的是思考可能出现的各种变化。不超前思维，就不会有高瞻远瞩，不存在科学预见。

1937年3月，非洲扎伊尔发生叛乱，这件事情对于远在亚洲的日本三菱公司，似乎没有什么相关。但是该公司的领导者却发现，赞比亚——世界级的铜矿基地，与扎伊尔相邻，说不定过段时间，铜产地将会受此影响，因此决不能掉以轻心。该领导于是命令驻赞比亚的情报人员密切关注叛军的行踪。不久，果然不出所料，叛军向铜矿移动，并要切断来往交通，以便控制世界市场铜产量和价格，从中渔利。三菱公司总部接到这个情报以后，立即趁机购买了一大批铜，并待价而沽。当时的新闻媒介对此根本毫无反应，而铜的价格也没什么波动。后来，每吨铜的价格果然狂升，三菱公司也因此大赚了一笔。超前意识的领导者具备敏锐的头脑，能够望到千里以外，赢得事业的成功。在此之外，要知微见著，对未来的预兆有敏感性和洞察力，勤于思考，不断探求。事物都有一定预兆，即在其或长或短的产生与变化过程中一般都要表现出一些征兆或迹象。"山雨欲来风满楼"的"风"，就是雨即将来临的预兆；"黑云压城城欲摧"的"云"，就是"摧"城的预兆。事物变化前的预兆，有的很明显，有的很隐蔽；有的持久，有的短暂；有的反复出现，有的仅此一次；有的同时出现，有的交替出现，都为人们预见未来提供了线索。领导者只要善于观察、分析，及时察觉、捕捉，就可以推断未来。如果对任何预兆都麻木不仁，不要说将来，就是眼前也十分盲目被动。人类历史上重大发明和发现，无不是在反复思考、探索、试验，最终发现规律与真理的过程。人类只有敏感于身边发生的事情，经常思考、勇于实践、洞察其中，才会发现事物的规律。

在英国人哈雷之前，人们对彗星总是感到神秘莫测，认识上有很大的盲目性。而哈雷这个有心人，从1682年开始，广泛收集前人关于彗星的大量记载资料，用20多年的时间研究探索彗星的运行规律，终于发现历史上多次出现的彗星原来就是同一颗。同时，哈雷计算出彗星围绕太阳运行的周期是76年，并据此大胆预测下次彗星出现的时间是1758年或者1759年。开始人们怎么都无法相信，觉得这个英国人一定痴人说梦。但是在哈雷死后不久，人们在

1759年3月13日，又一次看到了这颗拖着尾巴的彗星。

在实践中，对于同样的事物，有的领导者视若无睹，无动于衷；而有的领导者则非常警觉，预料到某种重要问题，这就是敏感性。同样的信息，不同的领导者可以分辨出不同的价值。有的局限于一处，狭隘短视；有的却广开思路，延伸思维，迅速采取措施，这就是洞察力。如果什么问题都非要等到事后，事态已经昭然若揭时才知其性质、趋势，才采取行动，这样的领导者恐怕谁都可以当。孙子把敏感性和洞察力视为将领要有预见力的必备条件，也就是说领导者应该对各种预兆有高度的敏感，慧眼独具，表现出高超的预见能力。

再次，要善于从现在与未来的各种联系中寻找认识未来的途径。未来虽然不等于现在，但是现在的发展，离不开现在，与现在存在一定的关系，找出和认识这种连接，分析他们是属于连接性的、因果性的、还是相似性的。分清事物之间的过去、现在和未来，原因、结果，差别和相同，同时要做好实际调查研究的工作，作为领导者，要注重实际的重要性，听取多方的声音，报喜的话要听，报忧的也要听，有名的言论要听，无名小卒的意见也要注意。当戴高乐还是个小人物的时候，他就预见到法国在不久后会遭到德国法西斯的入侵。那是1931年，戴高乐从营长升任为最高军事会议秘书。当时的法国还安静地沉浸在和平中，对急剧变化的国际局势和将来的战争缺乏研究，对德国法西斯势力估计不足，对自身急转直下的安全状况缺乏敏感、警觉。政府里新来的名不见经传的少校很快就显示出比其他官员的预见才能。他准确地分析、估计：由于内燃机的发明，国际形势正在发生变化。他指出机器掌握着命运，它改变了人类的生活，也即将改变战争。在未来战争中，拥有先进内燃机装备的精锐装甲部队将是胜利者。然而，这通精妙的理论没有被法国当局重视。6年之后，德国法西斯进攻法国，事实证明戴高乐的预见完全正确。法国却为此付出了惨痛的代价。

预见不是毫无根基的幻想、遐思。它必须遵循实际，从现实出发，推断未来。领导者一定要面对现实，正视现实，不能想当然。未来是现实的延续和发展，只有认识现实事物所存在的多种发展趋势和状态，才能达到预测未来的目的，把握各种可能出现的趋势和状态。任何事物，都有它的过去、现在和未来，掌握了现实的规律，就可以依此推断未来。同时，必须坚持群众路线。这是我党屡次强调的。人民群众是国家的主人，是组织前进的力量，是集体发展的基础。要根据实际的需要，建立领导、群众、专家三项结合的预测队伍，集中群众的智慧，才能搞好科学决策，实现科学的领导与掌控。

03
把握时机，随机应变

机遇之于成功者，就像蛋之于鸡，没有蛋就没有鸡，有了鸡又生出更多的蛋，如此循环下去，把握每一个机会，成功者就会越来越掌控自己的人生、掌控事业的局面，获得更多的财富和价值。关键是要抓住最先的那个机遇。成功者的第一桶金往往是辛酸的，而且带着偶然性。其实，一个成功者的出现，不仅是他个人智慧的结晶，还是一个时代的产物。哪怕他本身的能量相当于一个原子弹，如果没有发射的条件，那就和一堆废铁没有多大差别。苏格拉底因而说："最有希望的成功者，并不是才干出众的，而是那些最善于利用每一时机去发掘开拓的人。"机遇是很重要的，同样的做法，当年的他能够成功，现在的你再做的话，可能结果就不一样了。很多人以为机遇是可以重复的，今天抓不着，明天再来。其实，机遇往往就是唯一的、偶然的、机不可失失不再来的。虽然事物是螺旋式上升，波浪式前进，但是这波不等于那波，每一个时期的机遇都是特定的，都是不同的，长江后浪推前浪，成功者就是每一个浪尖上的舞者。

话说回来，我们都听过"猴子掰棒子"的寓言，我们都会笑那个猴子太傻，最后好的东西都没得到，可是换作是你，又会怎样？太多的棒子摆在面前，形成了诱惑、干扰。只有一根棒子的时候，你会仔细剥开来细细观察；两根棒子的话，你就会放在一起比较；要是满眼的棒子，你就很难分清谁是谁了。高矮胖瘦相差无几，但是掰了这个就要放弃那个，你到底要哪一个呢？人往往觉得已经到手的不是最好的，凡是有机遇路过，都想要一把抓住，创造一个奇迹。其实，真正的机遇并不多。万事开头难，千辛万苦地开了头，却不能坚持下去，一辈子都在追寻，一辈子都在选择，等到发现时候已晚，就像那个掰棒子的猴子，随便对付一个了事。所以，一定要把一件事做透，这是成功的人生捷径，千万不要以为机会遍地都是，人一生大量的活动其实都是在做铺垫，铺垫是一个由量变到质变的过程，这个过程是漫长的，艰难的，而真正起作用的也许就那么几次，当你抓住一个机遇的时候，再难也不要松手，坚持下去，完成这件事，就奠定了一生的价值。重要的不是决定做什么，而是决定不做什么。不做什么是为了等待做什么，一旦做出决定，就一定要把它做透。很多时候，决定不做什么要比决定做什么更难，放弃比抓住更需要决心。

现在都说人的内心浮躁，根本原因就是欲望太过强烈，向往的东西太多，凡事都想抓住。世上看起来可做的事情很多，但是真正能够做好的却很少，一生做好一件事，只要真正做好了，也就足够了。股神巴菲特从11岁开始买第一只股票，现在70岁了，仍然在股市中奔走，他并不是世界上最富有的人，排在他前面的，还有好几个。巴菲特肯定也知道做软件很赚钱，但是他肯定不会去做，不管股市如何风云变幻，他都吊死在这棵树上了。任何行业、任何领域都是博大精深的，值得人们花费一辈子的精力去钻研和奋斗。任何一个大师级的人物，都只是自己那个领域内的大师，比尔·盖茨如果去股市淘金，以他的实力，也必然能占领一席之地，分得一杯羹。但是他如果这样做了，他就不是比尔·盖茨了。广泛涉猎，难免蜻蜓点水、走马观花，把一件事情做透，才是成功的秘诀。

而对于一个组织的领导者或掌控者来说，能否把握时机制定决策，往往决定一项任务甚至一个企业的成败。现实生活中，时机总是稍纵即逝、一去不复返的。时间是一维的，总是沿着一个方向延伸。所谓时机，这里主要指事物在其发展过程中，进入了一个最容易变化的阶段或关键点，或者说可以加以改变或利用的条件已充分具备，出现最恰当、最有利的时间，领导者在这时采取行动最容易实现预定目标。至于时机的具体内涵，如何付度，怎么确定等，则要看事物本身的性质与内容，不能一概而论。良机常常过了这村儿没这店儿，神秘难测，不可多得。在现今社会，社会节奏不断加快，科技、经济发展瞬息万变，很多问题的处理、解决有时不亚于"沙场秋点兵"。时机一旦出现，要求领导者必须及时做出反应，果断利用，才能取得成功。有时候留给领导者"拍板"的时间甚至只有几分、几秒。几次"滴答"声后，必须做出决定，不然就可能功亏一篑，甚至大祸临头。那么在如此紧张、严峻的形势下，决策者如何才能得知时机是否到来，看得出，抓得住它，当机立断地做出抉择、付诸行动呢？

人们改造客观世界都是有条件、有前提的。有道是，没有胆识的人，可能失败一千次、一万次；有胆识的人，只失败一次。敢冒风险，勇担责任，才是大将的风范。沉着冷静，清醒理智，对问题进行思考、分析、判断，随机应变。拿破仑就认为，冷静的头脑是统帅最不可缺少的本质。"淡泊以明志，宁静以致远"，这是领导者自身特有的气质。静乃是一种坚强与勇敢。任何决策都不可能没有风险，决策者要有随时承担失败责任的思想准备。领导者在逆境中应该审时度势，仔细掂量失败的代价与成功的几率。以极大的勇气和超人的智慧果断做出抉择，这一刻就是造就英雄的"巅峰时刻"。置身于这样的时刻，成功的领导者一定能够有条不紊，一如既往，心平气和地进行控制、指挥，展示领袖风采。冷静，是一种心理状态，其产生与形成并非无缘无故，一般都有所依托。而其中很重要的一点，就是对面临的问题有比较多的认识，对其解决有一定的把握和信心。也就是说心中有数。倘若没有一点儿的了解和信心，且不论能否保持冷静，即便是沉着，也没有什么意义和作用，反而是被吓傻了的表现。常言道，任凭风浪起，稳坐钓鱼船。稳坐的前提就是要做到心里有数，对风浪的规律与危险有一定的了解，对如何应付、过渡有一定的办法。有恃才能无恐，否则，就很难坐得稳。谋略与能力犹如冷静的双脚，领导者只有借助它们的作用，才能迈开理智的步伐走遍天涯海角。实践经验证明，办法越高明，领导水平越出色，往往越能沉着对付险情与乱势，哪怕是"惊涛骇浪"也会等闲视之。在关键、紧要的时刻，许多领导者就主要靠自己的充分准备而表现出临危不惧，履险如夷平地。在竞争的环境下，能否善断时机就如同与时间赛跑，谁领先谁就是胜利者。

世界上最大的化学公司杜邦公司，在一战前只限于制造军火和炸药。为适应战争需要，一战期间，杜邦开始涉足化学领域，但是一直没什么重大成果。1928年的某一天，一位研究人员一时疏忽让炉火整整烧了一个周末。之后周一的早晨，负责该项研究的化学家卡罗瑟斯，发现炉里的东西竟然凝结成了纤维。这一突如其来的发现让整个杜邦公司大为惊奇，之后，杜邦又花了10年时间找到了由纤维制造尼龙的方法。因此抓住了制造尼龙纤维的机遇，立即全面出击投入生产，结果杜邦在人类服装面料历史上写下了辉煌的一笔，而其自身也获得了巨大发展和成功。由此可见，面对机遇，随即应变、果断决策十分重要。领导层给予和机遇大小相匹配的关注和支持，同时它要求配备最优秀、最有能力的人员，只有这样才能够抓住机遇，获得成功。

春秋战国时期的齐国，有个名叫晏婴的官员非常善于随机应变。一次他出使楚国公干。由于他身材矮小，楚国人就想拿这个来羞辱他。于是派人在城门旁边开了个5尺来高的窟窿，叫晏婴钻进城去。晏婴发现以后并不恼恨，而是对接待的官员说："这是狗洞，不是城门。要是我上狗国来，就得钻狗洞。要是我来的是人国，就应从人走的城门进去。我先在这等会儿。麻烦你们去问个明白，你们楚国到底是个什么国家？"结果可想而知，晏婴当然是从城门进去。楚灵王见了他说："难道齐国没有人了吗？为什么打发你来了呢？"晏婴说："我国有个规矩，访问上等国，就派上等人去；访问下等国，就派下等人去。我呢，最没出息，所以就派我到这儿来了。"楚灵王自取其辱，弄得好不尴尬。然而楚国人还是不死心, 在接风宴上, 忽有一武士拉着一囚犯从堂下过去, 楚灵王问: "那个犯人犯了什么罪? 是哪里人啊?" 答曰: "是个土匪, 齐国人!" 楚灵王扭头对晏婴说: "齐国人怎么那么没出息, 做这种事情?" 周围人都笑了起来。哪知晏婴面不改色, 神情平静地说: "大王怎么不知道啊? 淮南种的橘柑, 个头大味道甜美。可是生长在淮北, 就变成了又小又苦的枳。这是为什么呢? 水土不同呀。同样的道理, 齐国人在齐国安居乐业, 好好干活; 可一到楚国就当上了土匪。这恐怕也是水土不同吧?" 楚灵公又一次自讨了个没趣。

随机应变的能力实际上是一种根据不断发生变化的主客观条件, 随时调整领导行为的创新能力。具有应变能力的领导人才, 不因循守旧、墨守成规, 能够从表面 "平静" 中及时发现新情况、新问题, 从中探索新路子, 总结新经验; 对改革中遇到的新事物, 总是能够倾听各方面的意见, 认真分析, 勇于开拓, 大胆提出新设想、新方案; 对已取得的成绩, 不满足, 不自我陶醉, 更上一层楼, 勇攀新高峰。由此看来, 应变, 也是一种创新。没有创新的胆略和勇气, 也就没有应变的智慧和才能。但是有一点, 应变必须在不放弃原则的情况下, 根据事物的不断变化所提供的一切可能条件, 尽可能地采取科学、灵活的应对策略, 做到 "你变我也变", 对症下药, 从而最终达到预定的目标。领导者在解决各种问题时不能墨守成规, 因循守旧, 死板僵化, 不管客观情况发生多大变化, 切忌机械呆板, 削足适履, 按老办法行动, "天不变道亦不变", 以不变应万变, 完全是一副懒惰懈怠的模样, 这样的领导者只能在激烈竞争中原地踏步, 不进则退。在气象万千的现实面前碰得头破血流, 贻误大事。当然, 随机应变不是投机应变, 二者有天壤之别, 随机应变要秉承自己的道德、伦理原则, 谋断要随机应变, 其实也就是要求解决问题应该因地制宜, 因时制宜, 因事制宜, 因人制宜; 方法形式则必须随客观情况的不同或变化而广泛多样, 不拘一格, 不要限于统一的模式。

对于时机能够及时地觉察、利用，这自然很好。但是，如果坐等时机的到来，就显得非常被动了，有着事到临头不得不迎头而上的味道。而如果能够主动地创造，并加以利用，那就更有利于决断了。曾经名噪一时的马其顿国王亚历山大大帝在攻下了一座城堡之后，有人问他："如果有可能、有机会，想不想攻占第二座城堡？"大帝顿时心生愤怒，呵斥那人道："可能？机会？我要自己创造机会！"亚历山大的气魄真是足够强大，难怪能够东征西讨，建立横跨欧、亚的庞大帝国。由此可见，主动出击能够把领导者的预见、能动等优势发挥出来，把握成功与胜利的可能性就会大大增加。时机意味着解决问题的最佳时间，那么进行捕捉和利用时机的一个关键就在于行动的坚定性。时机不成熟，当然是要耐心等待，有所为有所不为，不能够操之过急；但是一旦意识到时机成熟，就一定要全力以赴地坚决投入行动。正如前面提到的，做出决策以后，就要坚持到底。

干任何事业，决策之后很可能会碰到许多不曾想到的困难，特别是在竞争激烈、发展迅速的现代社会，这时候，敢于坚持自己的决策是首要的，事业的未来及成功，也在于意志的坚定与百折不挠，这一点对于领导来说尤其重要。其实时机从来不是抽象的，它总是和坚决行动联系在一起的。离开了行动，时机根本毫无意义。人们从事同一活动，在同样的条件下，是否全力以赴，结果是不相同的。领导者对时机的意识以及做出行动的坚决性与其后的效果是成正比的。丰田公司的创始人丰田喜一郎有句口头禅："事情一旦决定下来，就要坚定不移地干下去。"只要机会来临，领导者不仅行动要快，而且要雷厉风行，竭尽全力，像项羽破釜沉舟那样地义无反顾，才能够取得最佳的效果。

在实际的工作中，对领导者所做的要求是很严格的，它必须具有科学性、严肃性。依据实际经验以及理论要求，领导者要做到当机立断，不能优柔寡断；要保持头脑清醒，不主观武断，不被舆论所左右；要权衡利弊，不报侥幸心理，不好大喜功。

　　所谓优柔寡断，是指在时机已经降临的情况下，仍然犹豫不决，摇摆迟疑，畏畏缩缩，不做抉择；或者决定以后，还前顾后盼，忧心忡忡，拖拖拉拉，不敢大胆行动；或者轻率行动，随意决策，事后又懊恼后悔。丹麦作家布里丹的一篇寓言里讲到这样一个故事，有头小驴外出觅食，发现两堆相距十英里的草料。左边的是干草，右边的是嫩草。小驴子很高兴，先跑到左边，刚要吃，忽然想，右边那堆那么鲜嫩，如果不吃的话，也许就会被其他的驴子吃掉的。于是小驴子赶紧跑到右边，正要吃，又想到，这些草虽然嫩，但吃不饱，等吃完了，那堆干草还在不在呢？于是又赶紧回左边。可是它回到干草堆前又特别挂念吃嫩草的事情，再回到嫩草堆又担心饿肚子……就这样往返奔跑，最后在又累又饿中死去。小驴子做不出决定活活累死饿死的后果固然可悲，但是领导者做不出决定也跟这个差不多，当断不断，反受其乱。错过时机，也就等于放弃成功。机会如若来临，还犹豫彷徨，患得患失；或决定后还举棋不定，结果则往往断送胜利。在与别人竞争的时候，自己的犹豫就是对方的机会。要达到一定的目的，在有成功希望的前提下，有行动比没有行动强，行动快而坚决比左右犹豫要好得多。领导者遇事优柔寡断，谨小慎微，遇事好后悔，经不起挫折与打击，"一朝被蛇咬，十年怕井绳"；或者得失心重，患得患失，过分看重个人的名誉、地位、前途、权力；有时甚至知道时机已到，仍然左顾右盼，疑虑重重。

　　因此，要克服决策行为中的这一大忌，根本在于加强决断勇气和意志的刚强性，提高决策心理素质，不要用自己的缺点惩罚自己。而不是像《圣经》中的罗得之妻那样，轻易后悔自己的决定，回头变成了一根盐柱。无论领导者还是被领导者，都不必为每一个过错道歉，自怨自艾，难以自拔，要明白任何人都会犯错误；不要老去模仿别人，要相信自己会比别人做得更好。对小事大可不必犹豫，如何做，要当机立断，形成习惯，决断能力就会逐渐提高。据说，林肯为了磨炼自己的果断性，年轻时常用斧子狠而准地劈木材。所以后来他所发表的言论都极为犀利，一针见血。而世界著名的英特尔公司为了训练下属公司经理的勇气和胆识，曾把他们集中在伦敦的一片郊区进行胆量训练，让他们在7米高的钢丝上行走，爬4米高的山墙，从两层楼往下跳。

总之，正像但丁在《神曲》里所说："这里必须杜绝一切犹豫，这里任何怯懦都无济于事。"要摆脱优柔寡断，增强自身的决断能力，首先要懂得付出一定的代价，在吃小亏的情况下占大便宜。因为任何决定都要付出代价、成本，区别只在于得失多少比例而已。什么亏都不想吃，甚至一毛不拔，往往难以获得任何效果。反之，在懂得权衡、比较下行动起来的结果就不一样了。大家都知道快刀斩乱麻的说法，说的就是做事果断，能坚决采取有效的措施，抓住要害问题，很快解决复杂问题的能力。北朝人高欢任东魏丞相时，想要测试一下几个儿子的才智和决断能力，于是给他们每人乱麻一把，当场比赛看谁处理得又快又好。儿子们拿到手里的乱麻就开始整理起来，想快却根本快不起来，很是着急。但是其中有个儿子找来一把快刀，几下就把这捆乱麻斩断，根本不理会那些纠缠不清的疙瘩，所以第一个报告完成。高欢就问他为何如此做，他回答说："乱者必斩。"高欢听后又是惊奇又是高兴，由此认为此子必然有出息，事实证明正是如此，这个儿子就是后来篡夺孝静帝皇位的北齐文宣帝高洋。如果高洋如其他人那么纠缠于疙瘩，怎么会及时疏通思路，以另一种方式解开乱麻呢？

其次，要保持清醒头脑，不主观武断，不被舆论所左右；力排不正确意见，对那些似是而非的议论和闲言碎语坚决排除。作为领导者，在分析、处理问题时，不能"想当然"办事，不顾事物的实际情况以及所处条件，完全以自己的感觉、经验、知识等为依据进行判断。明知有错也决不悔改，执迷不悟，冥顽不化，甚至为自己的过错找借口，迁怒于人。这是领导决策的大忌。它虽然也表现出果断、坚决，但却是背道而驰、违反客观规律的。这种轻率、盲目地处理问题方式，在办错事的同时，还会伤害、打击下属的积极性与主动性。这是一种以自己的错误惩罚别人的做法。当领导者被不良的愿望所驱使，被错误的假想所萦绕、仍然固执己见，就显得十分地愚蠢、荒谬和霸道。主观武断的原因因人因事而异。有的因为自以为是，自命不凡，盲目自大；有的是因为思想方法错误，以点带面，以形式为内容，以现象为本质，以结果为原因，以偶然为必然，以可能为现实，不愿或不善于做应有的分析思考；有的则是因为急躁鲁莽，头脑简单，遇事轻率，急于求成，无视有关条件的制约等。

　　因此，如何克服，也应该对症下药。如属于骄傲自负的，应该加强学习和修养，不断开阔眼界，懂得山外有山，天外有天，一个人再了不起也总有不足之处。如属于性格暴躁轻率的，则应该侧重于性格陶冶，懂得事物的变化发展都有其自身规律，欲速则不达，不尊重客观规律，意气用事只能适得其反等。不主观臆断，善于听从别的声音，优秀的领导者必然是谦虚的人。他总是能够千方百计地了解下属的意见。领导者应该有采纳雅言的胸襟，但是又不能让舆论、闲言碎语所左右。领导者如果人云亦云，随波逐流，毫无主见，就会变成群众的尾巴，发挥不出任何作用，成不了什么大事。有的领导者在明明知道时机已到的情况下，因为慑于舆论，畏于人言，迟迟不敢行动。"天下之事，虑之贵祥，行之贵力，谋在于众，断在于独"。领导者做决定前应该充分民主，但做决定时则应是理智的指挥官，坚持自己的主见。何况许多卓识刚开始时往往不被一般人所理解。历史上所有进行革新的领导人，在开始时几乎无不处于各种非议之中，如果他们认准时机后却又不为所动，岂能事业有成？领导者对正确意见应有相容性，但对错误议论则也应有排斥性，能断然拒绝哪怕是多数人的"高见"，这是善断的重要表现。决大计不虑小疑，处大事不畏谤言，方能不为浮云遮眼，高瞻远瞩奔前程。一个公司、组织的大小事情，不论如何决断，都是会有异议的。有时候，反方向的意见甚至更为强大，如洪流一般，如果领导者顾忌这又顾忌那，采取从众路线，就很有可能做出错误决断。面对内外的闲言碎语，领导者的主见是很重要的。同时，领导者还要冷静、有定力。有些人并非不能认清事态，正确决断，但是往往被来自诸方的舆论所压迫住，使其改变了初衷。有定力者则能立场坚定，不轻易受影响。

再次，要权衡利弊，不报侥幸心理，不投机赌博。所谓侥幸冒险，即把成功与胜利的希望完全寄托在事物变化的偶然性上，不管时机是否真正成熟，可能性是否真正存在，贸然行动，孤注一掷。凭侥幸去冒险，是领导者做决断的又一大忌。它与赌徒的心理和行为类似。任何客观事物的变化发展都有其规律，只有加以认识、掌握和利用，才能占据主动，稳获成功。这样，即使发生失误，思想上也仍然清醒，一般不至于手忙脚乱，无可挽回。因此，领导者做决断，不仅是斗力、斗勇、斗狠，而且是斗智。决断要快、准、坚决，不是说不要调查了解，不要耐心，不要科学分析，不顾成功概率，而是与其相反，尽管有时调查了解、科学分析的过程很短。"瞎猫碰见死老鼠"，世上也确实会存在，但毕竟非常偶然、个别，并无必然性与普遍性。领导者的决断，关系到大小群体的利益、命运，如果也把成功的希望寄托在运气上，把个别当一般，把偶然当必然，干了再说，后果就比赌博严重得多。在现实社会中，很多企业在进行决策时，由于对未来的市场趋势无法正确预测，只得赌一把，其结果可想而知，亏者多数，赢者少得可怜。

一个民营企业的老板曾经留下这么一段话，可以说是对侥幸冒险的最鲜明写照：凡是企业家明白的事，他会义无反顾地去做，问题是许多时候对市场前景的感觉朦朦胧胧，而市场竞争又不进则退，所以只有去赌。很多民营企业很少犯方向性错误，搭错车，而往往是赌错了机会，从另一个角度说，民营企业的发迹大多是抓住一两个好产品，瞅准一个市场空当，然后押宝于市场促销，一举成功。这种偶然性的成功渐渐成为民营企业家的一种思维定式，在决策时带有极强的赌性，但一两个产品赌赢了，并不意味所有的产品都可以如法炮制，由于民营企业没有政府背景，所以也不敢轻易地押宝于国家的宏观形势，大多只是在市场上判断一些变化，寻个机会下注。如果说，在企业决定创立时，多少有一些赌的心理，那么，当企业正式步入经营轨道，还持有投机侥幸的心理，则会危害匪浅。近年来，我国企业投机取巧于股票、房地产等领域，造成了太多的经济泡沫，那些只顾眼前利益，不做长远打算，只顾自己赚钱，不管别人受害，只顾企业利益，不顾社会利益的恶性投机行为不仅危害社会，还把自己带入了绝境，一如贻害尚存的全球经济危机。

亨特财团曾经是美国最有钱的企业之一，其第二代领导人，是老亨特的三个儿子邦克、哈巴特与拉马尔。他们虽然继承了父亲的巨额财产，但却没有继承他的精明强干。他们没有把精力放在经营管理、增强企业竞争力上，而是野心勃勃，梦想有一天能够投机成功，发笔横财。1979年春天，市场白银价格降到每盎司6美元，亨特三兄弟认为发财机会来到，于是动用财团几乎所有的资金，甚至不惜借债，囤进1亿盎司白银。一年后白银价格猛涨，但又很快暴跌。亨特兄弟尚未从庆功酒中醒过来，银价已跌到他们连1亿美元的贷款都无力偿付的地步。他们从此负债累累。由于缺乏资金，加上石油价格也暴跌，仅仅6年时间，亨特财团便一落千丈，毁于一旦。他们寄希望于投机，实际等于自掘坟墓。投机侥幸的心态大多相仿，主要是扩大和过分重视偶然性的作用。所以，克服与防止时主要应该在于正视事实，尊重客观规律，懂得偶然性不等于必然性，可能性不等于现实性，把分析与判断建立在可行性之上。像如何取得政绩，如何提高效益，如何创造成绩，如何开拓前进等，都有规律可循，决不能等同于碰运气。

总之，领导者捕捉决策时机的能力往往是决策成败的关键，这包括辨识时机，在别人不注意时、不注意处抓住时机，当机立断、随机应变。

第五章

足智多谋的
决断力

　　领导者统筹全局、运筹谋划，把大局、目标谨记心上，同时发挥敏锐的洞察力，预见未来之后，就要把握时机，适时出击，此时正是决断力发挥其用武之地的时候。在决策过程中，往往充满了矛盾，要满足许多的要求和标准。这时候就需要领导者运用神机妙算的谋略才能，运用大脑机能，知识经验，对各种主客观因素周密估计、判断，处变不惊，想到更要做到。所谓足智才能多谋，领导决策是一个复杂的过程，如何作出科学智慧的抉择，避免失误，在个人与群众中把握决策的方向和力度，在浩如烟海的信息中挖掘机会，抓大放小，逆境中求索，这些都是决断力所要包含的内容。

01
拍板者的视野与心机

在领导者的决策过程中，拍板是最关键的一步。拍得对，前途无量，皆大欢喜；拍得不对，满盘皆输，前功尽弃。所以，如何拍板，怎样拍好板，对领导者来说至关重要。在实际工作中，最后的拍板定案是极其艰难的，它不仅要求领导者有充分的资讯和丰富的经验知识这些"硬件"，还需要领导者具备拍板的视野和心机这种"软件"。同时，还要求领导者具备一定的决策技巧。

拍板的领导者在酝酿、思考宏观战略决策的时候，要高瞻远瞩，大局在胸。在研究设计重大战略方案时，要能够从宏观上，从开放和创新的角度上思考和研究问题，掌握总体情况，做到大局在胸，对宏观创新态势了如指掌，这样才能拍板出正确的决策来。领导者站在最高指挥台上，所做的事情理应从大局出发。宽广的胸襟与广阔的视野、战略思维、统筹全局、善于掌握和驾驭全局的能力是杰出领导者必备的素质。要树立全局眼光，抓重点，找中心，正确处理各种矛盾，平衡、协调各方面的关系。例如，在企业经营过程中，既要考虑经济效益，又要考虑社会效益。要做到局部利益与整体利益，眼前利益与长远利益的结合。在实际中，领导要懂得如何抓大，而且善于放小。抓大就是上面说的对那些关系全局和长远的工作紧抓不放。放小则是对那些局部、枝节的东西要通过授权、分权，大胆交给下级去做选择。古人云："事有大小，有先后。察其小，忽其大；先其所后，后其所先，皆不可适治。"要正确处理大与小的问题，要有所为，有所不为；放小才能抓大，抓大事、大局、大势。把小的问题放给下属去做，才能让领导者有时间、有精力去对那些关乎大的事情做出判断和选择。如果眉毛胡子一把抓，没有轻重主次，那么，不但大事做不好，小事做起来也不会顺利。小事并非无足轻重，它是整体中的一部分，不是领导可以甩手不管的事情。大和小是相比较而言的一对矛盾，没有绝对意义上的大，也没有绝对意义上的小，大还是小要看问题是处在哪个层面上。

因此，对于领导来说，就是抓或者放的问题。通俗地说，决断是领导者为了解决某种问题下定决心，做出决定。既然是为了解决问题，这种决心、决定就不应是心血来潮，随心所欲，必须要对实际情况有所认识和了解，必须使自己的方法措施合乎客观，那就先要有谋，在谋的基础上进行。谋的正确，断才能正确，有成效。如果把领导比作一只鸟，那么谋与断就是他的两翼。倘若他知道飞行的目的地，但是没有了翅膀，就永远到达不了。拿破仑说："要在一个人身上发现伟大将领所具有的各种品质，那是很难得的。最为理想的是，一个人的机智和才能能与性格或勇气相互均衡。果能如此，也就与众不同了。若勇气过人而才智不足，则易于鲁莽从事而缺乏深谋远虑；反之，若才智虽优而勇气不够，那他又会不敢于毅然实行计划。"

多谋与善断是一个整体，足智多谋以后才能决断，这是领导者最重要的特质。谋与断，是对领导者工作能力的一个全面要求，两者不可分离。如果说它们是一张有毛之皮，那么谋就是毛，断就是皮，"皮之不存，毛将焉附？"如果说谋是解决问题的武器，断就是使这一武器锋利的钢；没有武器，钢的作用显示不出来，没有钢，武器就不锋利。如果说唐三藏西天取经是谋，孙悟空降魔伏妖就是断，没有孙悟空，这位高僧不过是小妖嘴里的唐僧肉；没有唐三藏，悟空也不过是大闹天宫的美猴王。断因谋以成事，谋因断而扬名。唐僧得经，行者成圣。断无谋不立，谋无断不行。有断之谋，是有效之谋，无断之谋，是无用之谋。谋是设计，断是架桥。谋是善事，断是利器。谋与断的统一，是筹划与决心的统一。

上面提到拍板者的视野要高瞻远瞩，大局在胸。此外，拍板者在作为上既要有民主作风，又要有决断魄力。拍板不是个人专断，既然要做到优化方案，正确地决策，统筹全局，那就一定要发扬民主作风，积极听取各方的意见和建议，开展各种讨论，尤其要听取少数人的意见，发现有价值有见地的意见。这里说到广泛纳言是在决策之前，在决策之后，就必须齐心协力，不允许人心涣散、行动不一。即使思想上不通，也要在组织上服从，这是一个原则，也是一条纪律。另一个方面，决策者在贯彻民主的情况下，要有决断的魄力。这是领导者最可贵的品质。如果没有决断的勇气、胆识，优柔寡断，就会贻误时机，就会错过机遇，并且带来一些新的风险，使本来的最优方案失去原有的价值。一切决策都是要变革现实，这样就必然涉及很多问题和很多人的利益。而往往重大的决策总会遇到很多的反对、不理解，如此，就更需要决策者的决断魄力，不怕得罪人，不受外界的干扰。在此过程中，尤其是在做出风险型决策拍板和竞争型决策拍板时，领导者不仅要有胆识、魄力，还应警惕自己，防止以感情用事，单凭意气和权力"拍板"，甚至以个人的爱好、情绪决断。领导者一旦发觉自己的拍板有问题，就应该打消私心杂念，立即纠正错误。一个合格的领导者，要遵照实际，尊重客观，切不可主观蛮干，一意孤行，要善于听取多方的意见，正所谓众志成城，群策群力。

群体决策的突出特点就是在领导者的个人决策陷入绝境之后败中求胜的出路，可以把决策者从无计可施的困境中解救出来。在这些群众意见中，有一种就是唱反调的意见，作为领导者，对反面意见，尤其要予以重视，要看到其积极意义。反面意见是针对正面意见而言的，它是从另一方的角度去观察事物的。但是反面意见不等于错误意见。反而反面意见能使对问题的认识更趋于全面，能起到鉴别和比较的作用；而且反面意见能使人冷静，激发新思维。人们在一帆风顺的情况下，思考问题往往顺着自己的思路，千方百计地完善自己的意见。这时，如果没有反面意见的冲击，大脑中顺着自己思路而形成的兴奋热点，就不易降温。而一旦受到冲击，就像被泼了一瓢冷水，你是恼羞成怒还是冷静下来思考原因呢？选择当然是后者，这瓢冷水是不是有道理呢？它是不是看见了你没有看见的盲点呢？这样使人的注意力转移，就会多问几个为什么，从而激发新思维，促使从另外不同的角度去探索，避免看问题的片面性。因此领导者对待反面意见应持的态度首先是要克制自己的不良反应。如果一听到反面意见，就脸红心跳，想要打击报复，那是不成熟、不称职的表现。可以说，反面意见的出现是考验领导者称职与否的试金石。

其次是重视提意见的人，给予他们充分表达的机会，事实上，善于提反面意见的人，往往都是善于思考、勤于动脑的人，提意见是对事业负责。所以，领导者不能歧视、排挤他们，而要爱护、关心、尊重他们，让这样的人讲实话，鼓励大家提反面意见。最后是对反面意见不迁就、不迁腐，坚持真理。要力争做到既善于倾听反面意见，又不迁腐，必要的时候，先采取行动，后再用成功的事实说服人。领导者在拍板时，对不同类型的反面意见，要学会分辨，妥善处理。对有些是出于公心，为了事业，为了把工作干好，远见卓识的反面意见要备加爱护，有时可以言听计从。而对急功近利，只顾眼前、不顾长远的反面意见，必须通过辩论把问题讲清楚，以理服人。此外对爱唱反调，总不赞成的反面意见，他们无论对谁的梦想都想要大肆批评，根本不想要了解别人究竟要做什么，只会一味地指责，把其他人打入地狱，遇到这样的人，不要浪费时间和精力向他们苦苦地解释，还是找寻能够一起分享梦想、协调合作的人吧！而对那种出于私心、想占便宜的反面意见，领导者要把握住工作总任务和决策目标，切不可盲从。作为一个领导者，如果不管什么事情都要自己逞能，喜欢自己控制一切，事无巨细，全盘做主。这样的领导会被自己活活累死，整个组织也会陷入困局。领导者一定要懂得博采众议、从谏如流的习惯，建立和发挥智囊团的作用。三国中的刘备，文才不如诸葛亮，武功不如关羽、张飞、赵云，但他有一种别人不及的优点——协调能力，他能够吸引这些优秀的人才为他所用。能集合众人才智的集体，才会有茁壮成长、迈向成功之路的可能。能够发现自己和别人的才能，并能为我所用的人，就等于找到了成功的力量。聪明的人善于从别人的身上汲取智慧的营养补充自己。

《圣经》中的摩西算得上是世界上最早的领导管理者之一了。之所以如此，是因为他懂得一个道理，一个人只有在与别人协作的时候，才能做更多的事情。当摩西带领以色列子孙们前往上帝赐予他们的领地时，他的岳父杰塞罗发现摩西的工作实在过度繁重，如果他一直这样下去的话，不光自己会累垮，人们也很快会吃苦头的。于是杰塞罗想办法帮助摩西解决了问题。他告诉摩西将人们分成几组。每组1000人，然后再将每组分成10个小组，每组100人，再将100人分成2组，每组各50人。最后，再将50人分成5组，每组各10人。然后杰塞罗又教导摩西，要他让每一组选出一位首领，而且这位首领必须负责解决本组成员所遇到的任何问题，摩西就做这些首领的首领，并吩咐那些负责1000人的首领，只有他们才能将那些无法解决的问题告诉给摩西。摩西接纳了岳父的建议，从此以后，他有了足够的时间来处理那些真正重要的问题，而这些问题大多只有他才能解决。简单地说，杰塞罗教导摩西学会了如何领导和支配他人的艺术，运用这个方法，调动起了集体的智慧。领导者懂得如何利用下属的智慧，"管理不是管物，而是在于开发人才"，这是松下幸之助反复强调的一句话。在他看来，管理者的责任就是培养他的员工，帮助他们发挥才能。对一个平庸的领导者来说，最大的危险之一就是他的下级是一帮唯唯诺诺的庸人，阿谀奉承他们的上司。而一个精明的领导者需要一批敢于发表不同意见的人。他能够觉察那些卑躬屈膝，专事奉承的人，杜绝他们的干扰，而专心发掘那些独立思考的人来帮助他。

所谓拍板，就是要从各种可供选择的方案中权衡利弊，然后取其一。拍板的过程，实际上是方案选优的过程，有比较才有鉴别，而进行比较，则必须有两个以上的方案做前提。如果只有一个方案，就无法比较，也就无所谓选优，也就难以权衡利弊得失，片面性和失误就很难避免。所以，领导者在决断时，首先一条要看看是否有两个以上方案可供选择。如果有，决断才能开始；如果只有一个方案，就不能拍板，这应当成为决策的一条重要原则。凡属重大决策，都要涉及许多部门和行业，要满足多方面的标准和要求。有时从这个目标或部门的角度来看可能是最佳方案，从另一个目标或部门的角度来看则未必理想。所以领导者在决断时，要从决策目标的总体要求出发，综合评价方案的优劣，争取实现多标准优化。具体方法是：如果一个方案不仅从某一标准看是优化的，而且与其他标准也不抵触，就可以认为该方案是优化的；如果一个方案达不到多标准中的任何一个，这个方案就该被否定；如果没有一个符合一切标准的方案，那么就选择那种能满足某些主要标准的方案，不必过分求全。而且在一项重要决策中，往往充满着许多矛盾。如何使这些矛盾得到统一、平衡和协调，检验着领导者处理复杂矛盾的领导艺术。如前所述，不同方面的可行性之间就存在着矛盾。如科学技术上可行，也许经济上不可行；经济上可行，政策又有问题；生产上可行，并不等于流通上可行，等等。所以领导者在拍板时，要整体、全面地考虑，在分析内部、外部条件时，既要注意物的因素，更要重视人的因素；在衡量决策所要达到的结果时，既要考虑经济效益，又要关心社会效益；在处理系统内外的利害关系时，既要关心局部利益，又要照顾到全局和整体利益；在权衡方案的有效性时，既要顾及当前利益，又不能忽视长远利益等等。

领导决策是一项非常复杂的工作，有时如步入茫茫森林，稍不注意就会误入歧途。有些领导者把决策目标过分理想化，不切实际地追求一种完美的结果，而在现实工作中的缺陷和不足，以及决策所带来的某种代价，往往使他们左顾右盼、踌躇不前。又有些领导者在关键时刻不敢决断，担心之后会有什么不妥，这种主观上的自我苛求并没有必要，毕竟永远正确的决策在实际中是不存在的。即使犯了什么错误，只要及时发现、改正，就不会造成不可挽回的损失。而过分的自我苛求就像是一个紧箍咒，束缚着领导者的想象力和行动力。现代决策的渐进性、信息性和系统性要求决策者充分掌握足够的信息和资料，充分考虑方方面面的效应和恰当的时机。如果领导者对基本情况缺乏足够的了解就匆匆决断，是非常容易犯错误的。三国时刘备因为关羽被害，就急着东征孙权，结果溃不成军，大败而归。其实，领导者不可能得到所需的全部事实，但是谁获得的客观事实和资料越多，谁就越有成功的把握。在此基础上，领导者运用以往的经验、良好的判断力和储备的知识做出一个符合逻辑的判断。

在决策理论当中，有种叫作"霍布森选择"的现象，说的是人们在只有一种选择、别无余地的情况。17世纪，英国剑桥的一位商人卖马，声称允许前来购买的顾客挑选，但是有一个条件，就是只能选择围栏一圈的马，这实际上等于不挑选，因为只有体质最差的马才会被挤到围栏边。作为领导，也常会遇到这种别无选择的境地，那么怎样才能避免"霍布森选择"呢？首先要打开思维空间，思维空间的维度直接影响思路的多少。在封闭的思维空间里面，领导者只会直观、片面、静止地看待、处理问题。领导者要在任何时候和环境中，变换多种认识的角度，更新、提高思维能力，使选择和判断有更宏大的参考系，跳出井口再观天，就会发现天外有天，在视野、思维开阔之后，要学会在比较中选择。正与误、优与劣都是比较得出的。没有比较就没有选择。在领导者的思维宽广以后，选择就多了很多可能。即使是最简单的问题，只要放开思想，就会有不同的解决方法和途径。

　　上文说过，决断是领导行为的最重要的内容之一。决策行为是一个复杂的动态的理性行为。我们可以狭义地理解为领导者决策活动是方案的最后选定活动，即拍板定案。但在实际工作中，最后的拍板定案是极其艰难的，它不仅要求领导者有充分的资讯和丰富的经验知识，还要求领导者具备一定的决策技巧。有时候，富有创新的决策技巧是最后摆脱困境，走向成功决策的关键因素。在当断的时候一定要做出决断，这个我们一再地强调，领导者必须善于研究和分析问题，抓住事物的本质特征，且对当时的形势做出迅速而准确的评价，只有这样，才可能做出正确、明智、及时的决策。在条件极其不利或情况相当不明的形势下，领导者必须具备这几种能力，才能迅速地确定应该采取什么样的行动才不至于失去转瞬即逝的大好机会，并能够预见你的决定实施以后可能发生的情况和反应。为此，领导者必须具备良好的逻辑推理能力、常识性知识的分析判断能力和预见能力。当形势变化需要对领导者原来的计划进行调整的时候，领导者就可以、也一定要当机立断，采取迅速地行动对原决策做出必要的修改。领导者的果断、勇敢会加强下属对领导的信心。领导者每天面对的事务很多，不可能所有事务都全部由自己亲自处理。当你知道什么工作可以由别人来做的时候，你就可以把它分配出去，不要再费心去考虑它。对于那些剩下来的必须由你本人亲自处理的事情，你也得分出主次和先后。首先应该把急于要办的事列出一个顺序来，然后按照主次依次处理。在你列出了工作顺序之后，就全力以赴地解决第一号的问题，一直要坚持到做完以后为止。然后再处理第二号问题。虽然这样子一天只能解决一两个问题，但是坚持这样做会逐渐解决日积月累下来的许多问题，形成一个良好的习惯。这样一来，那些真正关心、真正着急的事情，马上就可以解决了。同时下属要根据他们岗位职责的主次和先后列出工作日程及顺序表，同样按照这样的办法去做。掌握好这一技巧的原则是：急事先办，要事重点办，一次只办一件事。其实，使用这种办法将使整体的效率大大提高。

领导者只需要使用自己的决断能力去确定三件事：一是可由别人来做的事情；二是只有你才能做的事情；三是自己工作的先后顺序以及分配给别人的工作。这就需要领导制定计划以后并下达命令。领导者要洞悉计划制定的整个过程并及时下达计划执行的命令。一旦决定要做什么事情，那下一步要做的就是制定一个详细的计划和下达命令。想达到预期的结果，计划就必须切实可行，每项任务必须由专人负责，每种物资和设备供应必须齐全，每个人和每个团体之间必须保持最大限度地合作，而且最后的期限必须明确无误地固定下来。

总而言之，一项正确的执行计划必须能回答如下四个特殊的问题：一是什么事情必须要做？二是谁来做？三是在什么时候，在什么地方去做？四是将如何去完成这项工作？当认为计划做得比较充分之后，接下来要做的就是给下属发布口头命令或者书面命令。命令必须发布得清楚准确，不能让人有任何误解。制定计划和发布命令都是工作成败的关键。如果领导想要拥有驾驭下属的能力，以上这些便是一种必备的技巧。总之，灵活的决策技巧是领导者赢得成功的方法之一。当断则断，正确安排工作的先后顺序以及掌握好制定计划和下达命令的"火候"，就是最主要的三种技巧。同时，做决策的时候要戒急戒躁，对所有的变化都应考虑清楚，对决策的渐进性、连贯性有充分的理解和掌握，顾及局面和人心的稳定，不会朝令夕改。苏轼在评价王安石的变革失败时说过这么两句话："法相因则事易成，事有渐则民不惊。"后一句意味深长地指出：当当权者进行一项政策变动、体制改革、或者经济措施，特别是决定一些事关千万百姓的切实利益的重大决策的时候，一定要注意决策的渐变性、连贯性和稳定性，避免出现舆论哗然、人心浮动的局面。

还有一种情况，就是在决策条件尚不完全具备，环境尚不利，变化趋势尚不完全清楚的情况下，又不得不做出的决策，这种情况就是在逆境中的决策。任何决策都是面向未来的。未来意味着诸多未知因素，未知孕育着危险和失败。在非常糟糕的时机下，非要做出决策，让领导感到难负重压。这种摸着石头过河对未知的探索，充满了冒险、新奇，不失为一次创新、改变的良机。领导者可能每天都遇到自己从未尝试过的、甚至从未想到过的事情，此时没有现成的工作模式可循，也没有经验可搬，在未知的工作领域或让人茫然的突发事件中只有依靠大胆创新来摸索前进。对一件从未做过的事情做出决策，既要大胆，又要心细，千万不可鲁莽。领导者既然是试探就不能怕犯错误，但错了要及时回头，要有舍弃的勇气，然后鼓足信心重新来做，继续开始另一次试探。即使是失败的摸索和试探，也并非毫无价值，虽无经验可总结，也有教训可吸取。领导者面临的问题总是纷繁复杂，需要解决的问题总是千头万绪，既存在着许多困难，又有风险，很难在短时间内面面俱到。所以要懂得掌握前进的步伐，循序渐进，从阻力、风险比较小的事情做起，对一些切实可行的事情做起，逐步解决复杂、困难的问题，看准一步，前进一步，一步一个脚印，踏踏实实地前进。在实践中总结经验，修正错误，稳步前进，避免出现大的曲折、反复甚至倒退。任何一项大的事业决策，都是逐步完成的，正是"不积跬步无以至千里"。急于求成从来都是做不了任何事情的。摸着石头过河，由点及面，循序渐进，稳步向前。对于领导者来说，逆境中的决策要更加重视决策方式，提升决策质量，以达到难中取胜的结果。

02

处变不惊，求新求变

　　一个人有坚强的意志，表现为不论面对什么样的事情，都能从容不迫地应对，即使出现了意想不到的挫折，也能临危不惧，处变不惊。正如马寅初老先生所说："宠辱不惊，闲看庭中花开花落；去留无意，漫观天外云展云舒。"从容不迫、临危不惧，是建立在胸有成竹的基础上的。因为他们对事物的发展了如指掌，对可能出现的情况都有周密的安排，所以能够做到处变不惊。诸葛亮的空城计，便是典型之举。马谡不听王平的建议，坚持在山顶扎寨，失掉了咽喉要地街亭，诸葛亮不得不开始有计划地撤军。正在此时，司马懿乘胜向西城杀来。诸葛亮所处的西城是一座空城。这时候如果诸葛亮惊慌失措，不仅有被俘的危险，而且，溃败逃跑，将造成人员的巨大伤亡。诸葛亮分析了司马懿多疑的性格，又考虑到司马懿对他的印象："诸葛亮一生从不弄险。"于是搞了个空城计。诸葛亮那种从容不迫，处变不惊的态度，通过从容抚琴、与司马懿对话，淋漓尽致地表现了出来。倘若不是有所把握，有所掌控，事情一来，必定会乱了阵脚，失掉方寸。任何时候，对事情发展的可能性，都要做两手准备，好的可能和坏的可能。

　　随着科学技术的进步，社会生产力发展的多元化，领导活动的时空跨度越来越大，个体中的参变量越来越多，领导对象的构成元素也越来越复杂。因此，在领导活动中产生一些突发、危急和棘手事件并因此使组织陷入危机是难免的。正因为如此，如何成功地处理突发事件和危机是每位领导者不能回避的问题，也是每位领导者必须正视的挑战。人的情绪以及有关心理活动常常会对实践产生重大影响。然而，由于各种实践存在很大差别，这种影响究竟是好还是坏，有利还是有弊，则不是一致的，要视各种活动的内容而定，因事而异。领导工作有其自身特有的规律，是一种科学有序地使用人力、物力、时间等因素的活动，轻重、缓急、多少、动静都有其特定的要求。领导者置身其中，只有实事求是、理智平静地考虑问题，处理问题，按其规律行事，才有可能顺利实现预定的目标。任何惊慌、失措、愤怒、狂喜、悲痛的不良情绪，如若不控制，都可能致使正常活动失态，发生混乱，造成严重的后果。苏洵在《心术》一文中就说道："为将之道，当先治心，泰山崩于前而色不变，麋鹿兴于左而目不瞬。然后可以制利害，可以待敌。"诚然，古今中外，大凡出色的领导者几乎都具有这一优秀的品质，那就是在任何时刻都能保持冷静，处变不惊。

领导者是群龙之首，是一个群体的核心和中坚力量，各项工作何去何从均操纵于其手，系于其身。其情绪与思维状态，绝非只是个人感情变化之事，而是与全局和整体息息相关的。因而他又常常是部下效法、看齐的基准。群众进行各项工作与活动，除了听从领导者的号令外，还常常观看其神态。也许领导者有时很微小的一言一行就可能引起很大反响，领导者的一句怒言，一阵悲喜，可能会引起轩然大波。这就如同一个人重心不稳，走起路来就会摇摇晃晃，跌跌撞撞，失去平衡。古语说：君心摇而臣心动，说的就是这个道理。在非常时期，领导者只有用理智驾驭感情，不失常态，才能做出明智的决断，避免指挥上的失误。任何惊慌失措都只能使失败的厄运降临到自己的头上。好比舵手驾舟于大海之中，在风平浪静，风和日丽之时，要做到从容不迫地前进后退、左转右拐并不是很难，也显不出本领与水平；只有到了风急浪涌、惊涛骇浪之时也能如此，那才是真正的好舵手。有的领导者平时处事灵活、果断，但一到急乱的关键时刻就茫然惶恐，手足无措，就跟换了一个人似的，结果不仅与胜利无缘，也暴露出自身的不成熟。他们好比水鸭，只会在晴朗之日的河边嬉戏啄饵，一旦气候有变，就不知所措，甚至被河水吞噬。

1995年的日本，以阪神大地震为开端的天灾人祸接连而至。大阪、神户大地震、东京地铁沙林事件的袭击，再加上空前的日元升值，金融机构大批倒闭……这一系列不测事件使日本人引以自豪也令世人羡慕的"安全""发展"乃至"经济不败"的神话随之接连土崩瓦解，同时引发了政坛震荡，在苦苦支撑了漫长的一年后，身心交瘁的首相村山富市于1996年1月5日辞去了首相职务。政坛风云变幻莫测，村山辞职固然有多重因素，但阪神地震，日本政府处理不力却是村山辞职的先兆和不容忽视的因素。1995年1月17日，一场大地震袭击了位于日本关西的大阪、神户等地区，仅仅20秒的震动，就夺去了5千多条生命，20万栋楼房倒塌，一直被认为万无一失的高速公路断裂。公路和铁路高架桥崩塌，港湾设施遭到严重破坏，交通一度陷入了瘫痪。众所周知，日本是世界上有名的地震大国，积累了丰富的防震经验，高速公路和铁路的抗震构造和技术在世界上更是首屈一指。以多震著称的日本防震抗震的措施是世界一流并建有专门的反应迅速、处理有效的预警机构和抗震机构，但这次大阪神户地震却粉碎了日本防震安全的神话。这次大震使按照抗强地震建造的高速公路多处断裂，几米粗的钢筋水泥柱倒塌，日本人一向做事以井井有条著称，但是这次灾后政府危机管理体制的无力、脆弱暴露无疑。其实在这次地震之前，日本和美国的防震机构均已向村山政府发出预报，但是由于日本当局对防震建筑和措施深信不疑，因此并未予以重视，日本政府反应冷淡。直到地震之后，美国救援船只开到了日本海港，当局政府才得到阪神地震的确切消息。

可见，在现代社会，不及时掌握信息，无异于一个聋子或者瞎子，而信息发达的日本恰恰扮演了这么个角色。地震后，日本政府的表现更是差强人意，在号称防震、抗震经验丰富、设施一流的情况下却因为危机管理不完善而导致手足无措、行动迟缓，由此造成受灾地区一片混乱，导致灾情扩大、人员伤亡惨重。在此之后，村山由于缺乏领导力，逐渐失去日本国民支持，因此，村山辞职在意料之中。由此可见，领导者如不善于处理危机事件的直接后果是社会受损失，政权受动荡，而原因则在于处理危机以及对突然事件应变的领导能力不足。

而与此相反，如果领导者能够以冷静、理智对待突发的事件，坦然处之，不慌不乱，在陷于可怕境地的时候，才能反败为胜。百事可乐是饮料市场上的大腕，与可口可乐几度争抢霸主地位。但在激烈竞争过程中，一次突发的"针头事件"险些使百事可乐陷入被挤出市场的危机，有一位威廉斯太太从超级市场买了两筒百事可乐给孩子。回家后，喝完一筒，觉得味道不错，无意中将罐筒倒扣在桌上，竟然有枚针头被倒了出来。威廉斯太太大惊失色，立即向新闻媒体捅出了这件事。可口可乐公司也趁机大肆宣传自己的产品，一时间，百事可乐变得无人问津。

而百事可乐公司一得到"针头事件"的消息，立即采取了措施，一方面通过新闻界向威廉斯太太道歉，并请她讲述事件经过，感谢她对百事可乐的信任，感谢她给百事可乐把了质量关，并给予威廉斯太太一笔可观的补偿金以示安慰。百事可乐公司还通过媒介向广大消费者宣布：谁若在百事可乐中再发现类似问题，必有重谢。另一方面，在公司的可乐生产线上更加严格地进行质量检验，并请威廉斯太太参观，使威廉斯太太确信百事可乐质量可靠，并赢得了这位女士的赞扬。可乐罐中居然有针头，这是百事可乐以前从未遇到的，是几乎不可能的事件，发生得如此突然，直接影响到公司的信誉和市场占有率、竞争力。百事公司获取"针头事件"信息后，及时、迅速、果断地推出上述一系列措施，显示出巨大的创新精神，灵活机动地把决策权极大限度地放到事件现场，根据现场情况变化，进行随时决策，缓解了矛盾，打消了消费者的顾虑，刺激了消费者的好奇心，不仅没有使销量下降，反而使消费者不断增加。百事可乐公司的领导者处事沉着、冷静，有谋略、有能力，紧要关头，出色地发挥出了领导水平，履险如夷，百事可乐得以反败为胜。常言道，任凭风浪起，稳坐钓鱼台。但稳坐的基本前提是哑巴吃饺子——心里有数，对风浪的规律与危险有一定的了解，对如何应付、过渡有一定的方法。有恃才能无恐。否则，就很难坐得稳，即使能坐稳也很容易受命运的摆布。谋略与能力犹如冷静的双脚，领导者只有借助它的作用，才能迈开理智的步伐走遍天涯海角。

时代的车轮滚滚向前，杰出的领导者有着敏锐的眼光和果断行动的能力，能够把握住时代的时机，在平庸中脱颖而出。因此领导者必须习惯在行进中学习和进步，因为这一刻的迟疑和停顿，将造成下一刻的滞后和倒退。这是一个求新求变的时代，发现和发明的速度之快，充分向人们显示着奇迹的力量，我们学习的越多，就越是认识到过去的愚昧无知，就越是想要发掘更多的东西。当然，并不是所有的变革都是进步的，不是所有的变革都是科学上的突破。变革不是建设性的就是破坏性的，但是那种破坏性的变革只是暂时的，无用的东西很快会被这个世界排除，进步的东西会得到最好的促进。我们不难想象，一个没有什么动力的人，他将会是一个什么样子。当你将一块砖头故放在显微镜下仔细观察，你会注意到它不会有任何变化。然而，如果你观察一个珊瑚虫，就会发现珊瑚虫在慢慢地生长变化。其中的道理很简单：珊瑚虫是活的，砖头是死的。生命的唯一标志就是生长发展。如果一个人在发展，他就具有了生命力；如果停止发展他就失去了生命力。

伟大的改革开放总设计师邓小平同志的"发展才是硬道理"，对于每一位中国人来说，都不陌生。发展不只是物理上的发展，同时还有精神世界的丰富与进步。一个成熟的人，一个成功的人，一个有本领的人，一个在社会上受到别人尊敬的人，他是否发展，就是以他在这个社会上所占有的物质财富有多少、精神财富有多少而言。他有资产，那就是人生的发展，是发展的成果与标志；有学问，就是发展，也是人生的成就；在茫茫人海中找到了自己人生的另一半，喜结良缘，这也是人生的发展与成功。天地间没有不变的事情，万事万物，随时而变，随地而变，随社会的发展而变，随人的生理、情感、观念而变，处处在变，时时在变，人人在变，没有不变的道理。

南怀瑾先生经常说："历史上的伟人，第一等人是智慧的领导者，晓得下一步是怎么变，然后领着别人跟着变，永远站在变的前头；第二等人是应变，你变我也变，跟着变；第三等人是人家变了以后，他还站在原地不动，人都走过去了他在后边骂：'格老子你变得那么快，我还没有准备你就先变了！'三字经六字经都出口啦，像搭公共汽车一样，骂了半天，公共汽车已经走到中途啦，他还在骂。这一类的人到处都是，竞选失败了，做生意失败了，都是这样，一直在骂别人。所以大家都要做第一等人。知道怎么变，等他变到了，你已经在那里等着了。"做人应当这样，你必须想着法子变出新花样，想出新的东西，创造出新的玩意，也就是说，人生必须不断创造和创新，否则就没有发展。不发展，别人进步了，就意味着你落后，意味着你被社会淘汰，意味着被人超过去，甚至意味着被人家"取而代之"！中国有句老话：不进则退。不求上进的人势必要被后来者超越。一个组织的领导者如果不求上进，也势必会影响到组织的发展。

因此，领导者要尽量追求进步方可进步。只有精益求精的人才能升迁。真正的领导人其实非常的缺乏，人们的惰性以及安于现状的心态时常出来阻碍前进的脚步。想要加入领导者的队伍，就必须要有上进的决心，只有这样才能适应多变的社会。现代社会是一个竞争激烈的社会，激烈的角逐和竞争使社会变化迅速异常。现代社会变化的速度，是历史上任何一个时代都无法比拟的。生活在这样一个变化多端的社会，需要人们具有最灵活、最敏捷的应变能力，审时度势，纵观全局，于千头万绪中找出关键所在，权衡利弊，及时做出可行、有效的决断。从某种意义上说，这种素质已经成为一种新的生存能力。谁能最及时地正确洞察社会的变化，并能迅速地做出反应，谁就将走在前头。

而头脑封闭、反应迟钝、因循守旧、固步自封的人，会一再地坐失良机。不能深察明辨、盲目轻率地追随变化潮流的人，也会"差之毫厘，失之千里"，造成决策的失误。在时势变化时，你不能跟不上"节拍"，应当以变应变，寻找出路，不然你会处于被动地位。所以，领导必须能顺应时势，善于变化，及时调整自己的行动方案，这是领导适应现实的一种方法。当今社会，各种事物都是飞速发展变化的，因此深处其中的人，也应审时度势，顺势而变才能取得成功。那么怎样做才是适应多变社会形势呢？首先，在思想上做准备，对变化要有充分的认识和了解。新的生活潮流如同长江之水一浪推一浪，滔滔不绝。如果以迟钝的、保守的眼光看和对待今天的生活，就势必会被不断向前的生活新潮流远远抛在后面，从而成为一个"不识时务"或"不合时宜"的人。

其次，在心智上要有高度的灵活性，不拘泥于任何形式、习惯和经验，不受任何既定的思路和方案的束缚，随时拿出新的招数来应付新的情况，以快速的心理反应来对付快速变化的形势。现代社会要求人们沿着自己的思路全面思考，立体钻研。锲而不舍是传统社会的成功经验。在高速变化的现代社会，对目标的追求也需要锲而不舍，但方法、途径却不一定非要锲而不舍不可。过分强调"锲而不舍"，就有陷入呆板和僵化的危险，"一条道走到黑"。灵活转移却比锲而不舍有着更大的意义。因为现代社会变化太快了，在一个封闭的系统内深钻，钻得越久，离飞速发展的现代社会相距就有可能越远。当然，这里并不是提倡见异思迁，做一件事三分钟热度，频繁地转移目标。我们主张的是志向和兴趣的战略性转移，也就是说，应当根据自己对现实环境的新的认知水平，结合自己的条件，发挥个性所具有的自我调节的能动作用，不断地重新校正和确定方向，选择途径，以顺应新的社会现实。事实上，在现代社会激烈的竞争中，能够跻身于强者行列的，多数并不是固执己见、撞了南墙不回头的人，而是思路灵活，知其不可，赶快转向的人。

俗话说："识时务者为俊杰。"真正性格灵活的人，不是把过去的成功经验当作灵丹妙药，到处套用。而是坚信经验只能说明过去，不能完全适用现在与未来。他们不会忘记经验的参考价值，但决不拘泥于它。事实上，经验作为人们认识世界的基本环节之一，在任何时候都是需要的。在实际工作中，经验也是成功的因素之一。但同时也应看到，经验往往有很大的局限性，它要受到个人智慧和实践活动的广度及深度的限制。而且，人们的行动总是面向未来，而经验却只属于过去。生命之树常青，万事万物都在变，认识事物、改造事物的方法也在变。今天适用的方法明天不一定适用，此地适用的方法，彼地不见得有用。时代要求人们的思维、行动要不断变化，而人们的变化带来了时代的前进与进步。在这个网络、科技日益升温的今天，如果每天不学习，不充电，那么很快就会落伍，就会被这个时代抛弃。对于掌控全局的人来说，知识面越广越好，得到的信息越多越好，否则很容易变成鼠目寸光的人，这样不但不利于自己生意的发展，还很难在激烈的竞争中立足，最终只有被淘汰的命运。

因此，无论何时何地，尤其是在竞争激烈的商界，必须随时充实自己，奠定雄厚的实力，否则难以生存下去，一个有干劲的人，时不时地充电，就不会被社会所淘汰。古代著名的思想家、教育家孔子就常常强调学习的重要性。在孔子的众多弟子中，并非每一位弟子都充满干劲，都勤奋好学。例如宰予虽然有一副绝好的口才，却怠于学习。对于宰予，连孔子也不禁摇头叹道："朽木不可雕也。"这种人若不改变，终将被社会所淘汰。一个人越能储蓄则越易致富。若愈能求知，则愈有知识。能多储一分知识，就足以多丰富一分生命。这种零星的努力，细小的进步，日积月累，可以在日后发挥巨大的效用。孜孜以求进步的精神，是一个人优越的标志和胜利的征兆。

比尔·盖茨有一句激励自己的格言是："我应为王。"对他来说，得第二，是不可忍受的。他的进取精神在他很小的时候就已经有所体现。盖获在读四年级时，老师给他们布置了一道作业，要学生写一篇四五页长的关于人体特殊作用的作文，结果，盖茨很快就写了30多页。又有一次，老师叫全班同学写一篇不超过20页的短故事，而盖茨却写了100多页。他的一位小学同学回忆说："比尔不管做什么事，他都要弄它个登峰造极，不到极致，他绝不甘心。"很多朋友对他的评价是"没有比尔干不成的事。"他的一位朋友布莱特曼说，"他总是集中精力干好一件事，绝不轻易放手。他的决心就是，不干则罢，要干就干好。玩扑克与研究软件，比尔都做得很好，他可不在乎别人怎么想。"在进入了哈佛以后，比尔的表现还是很突出的，尤其在数学上。他在数学方面最突出的成就是提出了解决一个数学难题的方法。那是刊登在数学杂志上的一道难题：一个厨师做了一叠大小不同的煎饼，他要不断从上面拿起几个煎饼翻到下面。假设有N个煎饼，厨师需要翻动多少次，才能完成这个排列？比尔给出了这道难题一个绝妙的解答。他将这个方法告诉了数学教授克里斯托斯·潘帕莱米托。潘帕莱米托教授很是惊喜，他将比尔·盖茨的方法记录下来，发表在《非线性数学》杂志上。当时比尔的这个解法被认为是解决这一难题的突破性进展。其影响至少可以在数学领域持续15年之久。按比尔·盖茨的天分，如果向数学方面发展，无疑可以成为一名很优秀的数学家。但他发现还有几个同学在数学方面跟他不相上下，于是他放弃了专攻数学的打算。因为他有一个信条：在一切事情上不屈居第二。今日的比尔·盖茨能成为软件霸主，聪明并不是第一位的，"我应为王"的志向才是真正成功的动力，有此霸气，自然力压群雄，谁与争锋。

在充满竞争的现代社会，竞争不断产生压力，压力变为动力，在动力的推动下，竞争双方的水平都得到了提高。领导者要敢于进行健康有益、互相促进、互相提高的竞争。对于比自己优秀、成绩突出的领导者，积极向他们学习，并敢于超越他们；对于同一起跑线上的领导者，就要比谁的能力提高快，谁的领导成绩突出。这样有一个目标，就能够激励自己迅速地提高领导才能。领导者更要懂得自我否定，同自己竞争："今天的我，一定要胜过昨天的我。"这就是一种自我否定。竞争和自我否定，是对自己指出了新目标、新方向、新要求、新希望，产生新的压力和动力；迫使领导者去探索新方法、新途径、新手段；尝试运用新的思维方式、新的工作方式从事领导工作。竞争和自我否定，是一种特殊的学习和实践，也需要不断地总结成功经验，吸取失败的教训，使自己的领导能力得到不断地提高，防止领导能力在原来的水平徘徊，不进则退。前面说到，生命的唯一标志就是生长发展，这是生命力的表现，而后是衰老、灭亡。而人，作为自然的产物，当然遵循着自然规律。每个人总有一天会衰老，这是自然规律，谁也违背不了；但同时人又是社会的人，作为几万年进化的结晶，人不仅仅只是消极地顺应自然，他可以通过自己的心态调节来延缓衰老，保持一颗永远年轻、充满活力的心。所以，我们总能看到有些人虽然生理年龄已经进入了老年，然而其心态仍然很年轻，充满了活力。那么如何保持永远年轻，充满活力呢？首先，就是我们前面提到的，勤奋学习，孜孜以求。这样，你的头脑就不会随着岁月的更迭而衰老，会始终保持着灵活、敏锐的运转状态。

俗话说得好，刀不磨要生锈，人不学习要衰老。这里的学习不仅是指从书本上学习知识，还包括你智能的提高，各种技巧的训练，生活艺术的思考，以及人际交往的学问等等。但是多运动大脑并不是说一刻不停地运转你的大脑。要合理、科学地使用，定期给大脑放假，使其休养生息。同时，喜欢一种运动。运动能使人的身心都得到锻炼和愉悦，它会使人永远年轻。此外，多动手做事，心动不如行动，在行动中锻炼心智、陶冶性情。还要对一切充满好奇。好奇，是大脑年轻、有活力的具体反映。对待新鲜事物要保持一种积极的探求心理，不断地为自身打开一个又一个通向新世界的窗户，不断地从新世界中汲取抗衰老的"长生不老药"。你之所以有活力，是因为你认为你有活力。只要心年轻，人就不会老。

03

思想家VS实干家

领导是一门艺术，一种技巧，一种才能。对于一个组织团体的领导来说，承担责任、善于用人很重要，目标定位、正确决断、组织协调很重要，实事求是、开拓创新也很重要，同时还要具备专业的知识，博学多才，公正廉洁，通情达理等要素。可以说，领导者是一位思想家。一个企业的生存，离开这些领导因素的话，就会失去生命力。

首先要对组织有一个清晰的定位，即组织目标的确定，因为没有正确定位，就没有未来地位。组织的发展，离不开正确的定位。定位观念实际上是一种竞争观，没有竞争，也就不需要定位，或者说是一种目标观，没有正确的定位，发展便会盲从，就会失去方向，也就不能有未来的地位。

同时，树立正确的定位也就是科学决策的观念。因为正确定位和科学决策的过程和性质是一致的。二者都要做大量的研究，都要对事物进行科学地分析、比较和选择。正确的定位要一切从实际出发，既不能太高，又不能太低。定位如果太高，达不到目的，容易使人气馁；定位太低，轻易就能达到，容易使人自满自足。

再次，定位要有特色，有个性，不能人云亦云，千篇一律，"随大流"。如今现在很多的城市把自己定位为旅游城市，那么，你的旅游资源有哪些？与别的城市相比，你的特色在哪里？组织定位既要突出自己的特点，又要组织成员印象深刻，有认同感，这是领导者一定要考虑的事情，切忌不假思索，一哄而起。定位要有合理性和稳定性。市场的定位往往因市场的变化而调整，具有不稳定的特点，而现代企业的目标定位则不同，因为它是政治、经济、文化的综合反映，是对本组织的发展方向、地位的定位，是经过科学论证的定位，经过较长时间依然存在人们脑海之中的定位。目标定位之后，如何实现既定目标，每个组织都有自己的思路，思路不同，达到目标的路径、效果必然不同。但是，如果没有思路，那目标只有停留在纸上的命运，或许就是盲干，那是没有出路的。目标和思路是紧密联系在一起的，目标离开了思路，则失去了实现的途径，思路离开了目标，则成了胡思乱想。正确、清晰的思路是目标顺利实现的保证，这时候就突显领导者思想的时候了。一切发展思路都要围绕目标来进行，目标是思路的纲，思路是目，纲举才能目张。正确的目标是明晰思路的前提条件。这就要求目标既要正确，又要简洁，不宜太多，否则难以把握重点，影响思路。发展思路是围绕目标来进行的，目标的正确并不能等同于发展思路的正确，发展思路的科学性体现在发展思路的逻辑性、实用性、简洁性。发展思路是否科学，是要靠实践来检验的，发展思路不是科学论文，不需要长篇大论，它本身需要简洁明了，当做人们的工作指南。有了思路，才会有出路，因为有了指南，行动才有了方向。

目标定位、行动思路有了，也就是想做什么有了。"人类因有梦想而伟大"，这句话我们都知道，但这句话似乎说得不准确，更确切的说法应该是："人类因实现梦想而伟大。"而另一句我们熟知的话："幼小大梦，想做大官；年轻中梦，想创大业；壮年小梦，想做平凡；老年常梦，怕做噩梦。"是多数人一生的写照。为什么从幼到老，从小到大，由噩梦到美梦，数十寒暑，老大徒伤悲，是命运的不近人情、方法不对？还是不够坚持、难成大事？想做什么，想学什么，想实现什么愿望，想成就什么大业，除了想还是想，那只是一厢情愿，毫无行动可言。人人都有梦想，可是只有那些付诸行动的人才能获得成功。

"解放思想，实事求是"是邓小平理论的精髓，改革开放二十多年来所取得的成就主要得益于思想的大解放。解放思想必须付诸行动，要善于行动和勇于行动，言行一致。我们强调领导干部要有实干精神，这是因为党的路线、方针、政策要靠各级领导干部带领群众真抓实干才能实现。不真抓实干，任何崇高的理想、美妙的蓝图、科学的决策，都是无法变成现实的。贯彻落实党的十一届三中全会以来的路线、方针、政策，全面建设小康社会大业，需要做大量的具体工作，解决许多实际问题，没有哪一件工作不需要认认真真地抓，扎扎实实地干。不注重实干，全面建设小康社会就只能成为一句空话。空谈误国，实干兴邦，这是历史的经验。只有注重实干，真抓实干，才能做出实实在在的政绩来，才能真正对党和人民有所贡献；只说不干，政绩不会从天上掉下来，靠花架子、做表面文章涂抹出来的所谓政绩，是虚假的经不起检验的东西，对党和人民毫无益处。即使骗得一时的荣誉，甚至因此而得到提拔和升迁，也迟早会被揭穿的。正确的选择，就是要求真务实，真抓实干。注重实践，看准了就大胆地干，大胆地试。脚踏实地，用事实来说话。

人人常说，思想家不会干，实干家不会想。既是思想家又是实干家的人真是凤毛麟角。因此，法国哲学家亨利·伯格森曾经提出，要"像思想家那样干，像实干家那样想"。领导在思考和行动上保持适当平衡的时候，也就是领导艺术趋于炉火纯青的时期。而历史上不乏既是深刻的思想家，同时又是果断的实干家的人物，如丘吉尔、戴高乐、麦克阿瑟、尼赫鲁和周恩来等。这样杰出的领袖人物有两个共同点：一是博览群书。读书不仅开阔思想，鞭策思想，而且能使大脑得到锻炼。二是他们全都埋头苦干，很多人一天要工作16个小时。那么作为领导者要如何发挥自己的聪明才智，在工作中有所建树呢？在思想方面，要懂得合理持有、出色发挥和积极转化；在行为方面，既要有多维型的思维方式，又要有开放型的管理方式，更要有开拓型的工作方式；而在领导实践方面，既要重视领导魅力的发挥，又要重视整体的配合，更要偏重于集体效能的发挥。

首先要保持持有态、发挥态和转化态的完美统一。这里先说持有，持有的是德才。领导者不仅要保持政治上的坚定性，能力的出众，知识的丰富，还要保持高度的事业心和责任感。有了这种事业心和责任感，他就能开拓进取，就能为最广大的人民谋利益。而所谓的出色发挥是指保持积极的工作发挥态。领导者不仅要懂得管理科学，合理安排，利用人、财、物、时间、信息、机构和章法等管理要素，而且要充分调动和发挥人的主观能动性、积极性和创造性，要学会"弹钢琴"，不要事必躬亲，要学会"超脱"，不提倡加班加点，要提高单位时间内的工作效率。积极转化指的是保持出色的成绩转化态。领导者不仅应该具有积极的转化态。即能够通过自己的创造劳动，以出色的创造才能，惊人的工作效率，获取优异的工作成绩。以创新、开拓的实绩令周围的群众折服，通过出色的转化态，来展示自己具有良好的把握和发挥，从而实现三者的完美统一。

在行为方面，首先要具有多维度思维。领导者思维要敏捷，而思维敏捷的核心是创造性，对事物的不断变革与更新。领导者必须富有积极的创新意识和能力。既善于循序思维，又善于超越思维；善于形象思维，又善于抽象思维；善于正向思维，又善于逆向思维；善于平面思维，又善于立体思维；善于发散思维，又善于收敛思维，等等。其次，领导者要具有开放型的管理方式。领导者不仅要熟悉管理的基本理论、基本方法，而且要善于从管理的实践中去学习管理、改善管理；不仅要重视领导群体之间的纵向和横向上的联系，而且要重视学习和借鉴国内外的管理经验，及时捕获、整理、分析和反馈各种信息，古为今用，洋为中用；不仅要有依法严管的意识，更要有民主管理的作风，增强管理的透明度，提高解决自身问题的能力。再次，还要具有开拓型的工作方式。领导者要善于独立思考，具有丰富的想象力，敏锐的观察力，高度的灵感性，不断克服惯性思维和墨守成规的常习，树立"无功即过"的观念，强化竞争意识、进取意识和敢创意识，要善于权衡利弊，捕捉战机，果断决策，要在影响全局的关键问题上迅速做出成果来，成为开拓者。

此外，要发挥领导魅力、整体配合和群体效能的作用。第一，发挥领导魅力作用。领导者要善于运用领导魅力去对被领导者产生吸引力、凝聚力、号召力和战斗力，使其在部属、群众中产生"四种心理"效应：即对特定群体的归属心理效应、对杰出人物的崇拜心理效应、对行为表率的模仿心理效应、对权威的遵从心理效应。第二，重视整体配合作用。领导者要围绕整体目标，明确分工和协作的范围，充分调动人的积极性，发挥人的聪明才智，要组织"大兵团作战"，避免"单兵作战"，要搞好人、财、物、时间、信息的协调，避免和减少浪费。第三，偏重群体效能作用。领导者不仅应该懂得主要依靠领导群体的智慧和才能去对被领导者产生积极的领导作用，而且还要善于运用一系列现代领导科学和领导艺术，十分巧妙地使各个领导成员在特定的管理领域里"展其所长，避其所短"，达到年龄、知识、专业、特长、能力的互补，从而在整体上形成意想不到的能力"叠加"和智慧"叠加"，最终产生巨大的群体效能。

效率是智慧与实干的结合，对于日理万机的领导来说，更需要管理好时间这一最宝贵的资源，成为高效能的人。时间的管理是一门学问。一个成功的人一日拥有24小时，一个失败的人也拥有24小时。就时间的长短来说，对每一个人都是公平的，但是，把同样的工作交给不同的人，他们所耗费的时间却各有不同。这是因为有些人办事效率很高，有些效率很低，甚至光说不练，所以最终就不会有什么根本的成就。产生这个差别的原因，除了是学识和能力不同外，一个最重要的原因，是时间管理不同。做事效率高的，往往时间管理较佳；而做事效率低的，则时间管理较差。绝大多数人都有目标、有理想，但是，有些人的目标或者理想却往往成为"空中楼阁"。因为他们的梦想和行动脱了节，心中希望得到这样，却没有真真正正去做，问其原因，他们的借口总是："没时间。"无疑，人都很忙碌，除了日常工作外，还有很多生活琐事。要使自己向目标迈进，那就一定要做好时间管理。良好的时间管理是获得成功必备的条件之一，一天的时间不多不少，只有24小时，时间管理做得再好，也不能令一天的时间增加一些，可是，效率的提高，会使时间不断增值，这是成功者必备的素质之一。时间管理的第一步，并不是技术问题，而是精神问题。时间管理，一定要集中精神，专心致志。在读书时读书，游戏时游戏，不要把心神分散。我们的社会有太多信息和事情充斥其中，人们的思想也千变万化，很多时候难以集中。现代人的精神缺陷之一，就是集中精神比较困难。但是时间总是一去不复返，后悔也无用。真正的效率是要专心一致，把每一刹那都投入在当前的事务上，这是提高效率的关键。所以，要精神集中起来。这就需要很强的自律，时刻提醒自己，要珍惜时间，命令自己现在做些什么事。知道自己正在做什么，也就知道自己想要什么。

时间就是金钱，因此不要轻率放过任何时间，让它白白浪费。时间是公平的，不论贫富贵贱，每人每天所拥有的时间都一样多；然而时间又是不公平的，每个人每天取得的成就绝不一样多。这是因为每个人的时间观念以及对其管理不同。智者是利用时间创造机会，所以他的成功机会永远比别人多；庸者是等待时间给予机会，所以他只有极少数的成功机会；愚者是浪费时间错过机会，所以他永远都没有成功的机会。对时间观念的认知不同，导致对时间的运用也不一样，因此产生了不同的人生、命运。对于领导者来说，时间更加宝贵，更有价值。有时也许短暂的一秒钟就决定企业的存亡。

能够管理时间，控制时间，才能够把握机会，掌握成败。在当今这个生活节奏日益加快的年代里，人们似乎每天都没有充裕的时间去做完想做的事，所以许多念头就此打消了。但世界上仍有许多人用坚定的意志，坚持每天至少挤出一小时来追求自己的目标、理想。事实上，越是懂得管理时间的人，越是能够不断进步、获得成功。

当今世界著名的化学公司——杜邦公司的总裁格劳福特·格林瓦特，每天挤出一小时来研究蜂鸟，并用专门的设备为蜂鸟拍照。权威人把他写的关于蜂鸟的书称为"自然历史丛书中的杰出作品"。这种个人情趣其实也是人的高质量生活的一个侧面，它反映了这个人健康向上的内心世界。要每天挤出一小时的时间，看似容易，其实不然。因为这需要极大的决心和坚持不懈的恒心，而且要在得到这一个小时后有效地利用它。当人们养成良好的时间管理习惯之后，渐渐地就会发觉，由于时间观念的改变，做事的成功率也越来越高，人生也就慢慢地改变，人们将有更大的信心来面对一切挑战。每个人都有无限的力量。每个人都可以在有限的生命中实现一些不可能的事情。但凡成功人士，其实都是懂得把握时间的人，因为只要每天进步一点点，事实上距离梦想就会越来越近；每天只需要求自己进步一点，一年365天，你就会发现已经大大超越以前的自己。凡是有成就、有作为的领导者，都是有着强烈的时间观念和运筹时间本领的人。他们对时间的要求总是很苛刻，"不教一日空过"，自觉珍惜每一小时，每一分钟，并严格做到当日事当日毕，不在拖沓中消磨意志和精力。同时敏捷地捕捉时机，事半功倍。善于处理轻重缓急的关系；而且凡事做好准备，对任何工作有预见性，走上步，看下步，使每一条的工作都处于主动状态。人们还发现，凡是成功的领导者，身上总有一种做事敏捷的风范，一个人能够懂得光阴的可贵，而不轻易放过一分一秒，这种"准时"的品质着实令人敬佩。这是在人际交往活动中，最重要的规律，就是准时与敏捷。做到这两点，既不浪费自己的时间，又不浪费别人的时间，他的目标就更容易实现。但凡优秀的领导者都是一个很准时的人，他们在每项工作中都给自己设定一个限度，何时起，何时止，都有所规划，总能够高效地利用时间，实现既定目标，为组织成员做到很好的表率作用。

在实际生活中，一个领导者既要当思想家，又要当实干家，既应该是进取型的领导，又应该是果断型的领导，做到二者的完美结合是比较难的。但也不是不可能的，作为领导，必须两者兼顾，既有思想，又有行动。总之，要既想成为一名勇于进取、善于拼搏的实干家，又想成为一名思想敏锐、处事果断的思想家，关键取决于领导者自身的素养，取决于如何思考与行动，如何管理时间的相互结合。

第六章

凝聚人心的组织力

春秋时期兵圣孙子说："上下同欲者胜。"企业里人心涣散，你争我斗，是极具杀伤力的事情，人际关系是非常微妙、复杂的事情，其中的道理成千上万，但是，其中最基本的一条就是诚恳待人，不卑不亢，此为处世之本，也是领导者的决胜之道。只有组织内部上下一心，团结向上，才能取得成功。团结就是胜利，人心齐、泰山移。作为领导，要掌握以人为本的管理艺术，懂得水能载舟亦能覆舟的道理，提高组织的凝聚力，以情待人、以理服人，掌握沟通的分寸和技巧。

01

真诚的沟通从"心"开始

作为一个领导者，应该掌握与群众沟通的本领，这不仅是领导本身工作的需要，也是组织的要求。架起与群众心灵沟通的桥梁，取得群众的信赖，是确保组织稳定、健康发展的关键因素。

影响人们行为的因素有三个方面：情、理、法。人们常说"做事应合理"，或说"合理合法"，或说，某人的行为"不合情理"，或说"法理不容"。法律规范人们的行为，理智引导人们的行为，情理推动人们的行为。三者之中，情感是最活跃、最不容易控制的因素，它能催人奋进，也能使人消沉。感情产生的力量能让人视死如归，为人民的利益赴汤蹈火；也会使人在私情面前忘乎所以，胡作非为。感情是人类的基本特性，无论伟大人物或者普通百姓，都不能拒绝感情的作用。法、理以及道德规范不能发挥作用的地方，感情却可以起作用。感情虽不如行政手段、法律手段果断、强硬，但它使人从内心自然而然地产生的力量却更为柔韧、持久。领导者应善于运用各种手段开展工作，包括善于利用感情的力量推动工作。事实上，在许多情况下，领导者都自觉不自觉地利用了感情力量的有益效应。感情作为联系人际关系不可缺少的纽带，存在于领导与被领导之间。这种感情是互相影响的。想让下属理解你、尊重你、信任你、支持你，首先你应懂得怎样理解、尊重、信任和支持他们。有投入才会有产出，有耕耘才会有收获。

所以，作为一名领导者，一定要高度重视向自己的工作对象进行感情投资。这种"投资"之所以必要，是因为人人都有这种需要。马斯洛的"需要层次论"认为：凡是人都希望别人能尊敬、重视自己，关心、体贴自己，理解、信任自己。这种需要属于心理上和精神上的，是比生理上或物质上的需要更高级的需要。这种需要如果得不到满足，他就不会有真正的动力和持久的积极性。物质只能给人以温饱，精神才能给人以力量。领导者要进行感情投资，这种"投资"之所以必要，还由于感情这东西不是单向的，而是双向的，双方互相影响，互为因果。正可谓"投之以桃，报之以李""你敬我一尺，我敬你一丈""人心换人心"。

在现实生活中，要想得到别人的理解和尊重，首先你要学会理解和尊重别人；一个对别人冷漠无情、麻木不仁的人，他也很难得到别人的关心和体贴。感情的交流是人的天性。这种交流是对等的：真情得到真情的回报，假意只能换来虚假的答案。感情是不会说话的，感情回报必须以某种方式从行为上表现出来，或明或暗、或直接或间接、或冷静或热烈。中国有句古话："受人滴水之恩，当涌泉相报。"这说明情感的交流与回报是对等的，但并不要求等价。一般人之间是如此，领导与被领导之间也不例外。领导者应善于用自己的真情调动群众的真情，用切实的关心换来群众对党的方针政策的支持、对各级领导机关正确决策的支持。许多领导对群众一片真情，一腔热血，因此在他们的工作中，不需要命令和强制，只需做出决定，提出要求，各级干部和群众就会自动自发地执行，尽职尽责，各自做好各自的工作。而有的领导者不懂得这一点，以为别人尊敬、关心、支持自己的生活和工作是天经地义的；而把自己对别人的关心和尊重看作是一种"恩赐"；而且就连这种"恩赐"式的关心也少得可怜。他们整天板着面孔，一本正经，冷若冰霜，使人敬而远之；处理起问题来，只追求目的而不讲究艺术，不善于设身处地，将心比心。结果，领导者与群众的关系不仅不够和谐，有时候还搞得势同水火。在这种情况下，有的领导者不是严于律己，从自身找差距，而总是抱怨同事和下属不理解，不支持他。严格地说，这种给予群众的甚少、要求群众的甚多，只知道索取，不懂得奉献的人，是不配做领导的。

作为领导者应时刻关怀人民群众的冷暖，想群众所想，急群众所急。领导者要干出一番事业，有所作为，就必须取得群众的信赖和支持。离开群众的支持和参与，任何事情也办不成。不走出高楼，不迈出办公室，不深入到基层，不深入到群众，不了解群众的实际困难和思想情绪，不倾听群众的呼声，不解决群众的问题，就不是一个称职的领导。作为领导，要与群众同心同德，心往一处想，劲儿往一处使，才能得到拥护和支持。同时还要求真务实，不能只是能说会道，还要能说会做，实干能干，只说不做，老表态不落实，最令群众不能容忍。只有心中装着大家，办事想着群体，决策向着群众，遇到困难为集体着想，才会得到群众的理解、信任和支持，工作起来自然就得心应手，群众也会更加舒心。作为领导，要学会换位思考，用心沟通、交流，深入群众中，放下官"架子"，站在群众角度、换位思考问题，是解开群众思想疙瘩的金钥匙。只要多换位思考，相互体贴，思想上的疑虑、相互间的一些怨气就消了，彼此间的心理防线就容易拆除，和谐的感情氛围被建立起来。善于沟通的领导者，容易被对方理解和信任，这样行动就会一致，成效自然而然地就会出来。

"一个篱笆三个桩，一个好汉三个帮。"部属对领导者做好工作的意义不言而喻。一个成功的领导者必定与部属关系融洽，合作愉快，而且能在部属中赢得威信；相反，一个领导者若与部属关系紧张，分崩离析，也不可能开展好工作。而领导者要与部属建立良好的上下级关系，掌握正确的交往艺术至关重要。在与人共事过程中，领导者要认真处理好各个级别的关系，彼此之间应当互相接触、了解和沟通，解决好工作上的分歧和矛盾，友好相处，共同推动工作的开展。作为领导者，要充分明白自己的角色，掌握做事的分寸，积极协同，不越位于别的事物，不插手别人的领域。随便涉及他人职权范围内的工作，不但会打乱工作部署，影响工作，引起麻烦，而且会伤害他人的感情和自尊心，引起混乱。

因此属于各自职权范围之事，决不干预；属于自己的责任也决不可一推了之。在彼此之间协同工作时，一定要掌握好分寸和尺度，讲究时机和方法，千万不能擅权。在同一件事情上，看法、角度不同而产生分歧，甚至会争执。一旦处理偏差，时间一长定会心存隔阂，影响工作的进行。所以领导要以大局为重、以事业为重，从维护团结的良好愿望出发，不斤斤计较。但是，涉及大是大非问题，一定要坚持原则，坚持真理。但要讲究表达技巧，避免言辞激烈，情绪激动，伤了和气。一定注意不要把矛盾公开化，弄得上下皆知，身为领导要做到宽以待人，谦让隐忍，豁达大度。处理好与同事的关系，必须有容人之短、容人之长的胸襟气度。不要担心别人超过自己，夺得了自己的位置，危机要有，但是不可心怀嫉妒，害人害己，要处处学习他人的长处，共同进步。彼此要支持帮助，不揽功诿过。领导在与他人共事的时候，常会有一些工作上的交叉，对这些交叉工作，应当互相支持，彼此帮助。只有互相帮助，才能互相配合。出现失误和差错时，应当及时指出，并采取措施加以补救。既不能看人家的笑话，更不能落井下石。取得成绩时，不能把功劳往自己身上揽，领导者想要得到下属真诚的尊敬和爱戴，万万不可把战友他人的劳动成果看成天经地义的事情。同样，自己的工作出现了过错也不能往别人身上推。只要有功不居、有过不诿，领导与群众之间的关系就会更加密切、融洽，就会真正做到风雨同舟，同甘共苦。和谐的工作氛围是好的，但是领导与下属不能过从甚密。应把握分寸，倘若过从甚密，难免产生不良后果。若是领导与下属过从甚密，彼此间无话不谈，往往会置组织原则与纪律于不顾。我们倡导上级与下级打成一片，领导与群众保持密切的联系，但客观上每一位领导都很难做到与每一位下属都保持甚为密切的关系。因此，如果领导者只把少数人的意见作为自己获取信息的唯一来源，往往会以偏概全，影响自己对事物做出正确的判断。由于关系甚密，下属把领导当作知己，往往在领导面前无话不谈，难免会掺杂私心杂念。而领导碍于情面，开展批评时往往难以启齿。这些对领导班子的团结无疑是严重的不利因素。

因此，领导与部属交往一定要把握好"度"。领导在处理与同事关系的过程中，应从事业和工作出发，对待组织成员一视同仁。尽管下属的性格有好有坏，学历有高有低，能力有大有小，但只要是集体中的成员，就应该"一碗水"端平。虽然下属的分工有所不同，也不能厚此薄彼。同时，要在生活上关心身边的同事、下属，这样能够充分调动他们的工作积极性。最后也是最重要的就是，要尊重组织成员，鼓励他们实现自我价值。

自尊之心，人皆有之。人人都渴望得到别人的理解和尊重。作为领导者，在与下属交往的过程中，一定要学会尊重下属。不要搞强迫命令，不要埋怨；当工作有过失时，不要当众训斥；当下属对你有意见时，不要记恨，而要注意感化。只有这样，下属才会感到领导者的真诚与可亲。如果总是摆出一副领导的架子，采取一种居高临下的态度，即使你的道理全对，也难以使下属心悦诚服，甚至会引起逆反心理。同时，要鼓励成员们去实现自我的价值，当组织的主人。其实，现代组织中的每一个人，在他们的内心深处都有着强烈的成为主人的愿望与使命感。因为人类的本性就是向往着自由，渴望成为主宰自己命运的主人。社会的不断进步，终于冲破了那些桎梏人性发展的不平等制度与观念，解放了人们的思想与行动的手脚，当他们在寻求自我发展，实现自我价值的探索中进入了组织，成为了组织的一员的时候，作为领导是绝不能用停留在20世纪六七十年代的方式来"驯化"压制他们的，组织对于他们来说应该是一个自由交流思想，充满人情味的大家庭，在这样的氛围下，那个潜藏在内心深处的主人翁责任感与精神便会无止境地迸发而出。

当一个人的需求层次上升到马斯洛需求层次的最高层——"自我实现的需要"时，他的思想境界和精神状态便会发生跃变，他几乎时时都处在激发状态，他能自动自发地努力工作，他要把自己的才能全部调动起来、发挥出来。他不需督促，不考虑报酬，最大限度实现自我价值的愿望压倒一切。但是，进入最高需求层次是有条件的，这个条件就是其他层次的需要已经得到满足。各级组织和领导的任务就是创造条件，让下属和职工能够进入自我实现的需求层次，让更多的人跃升到自动自发的激励状态。在组织发展的过程中，遇到的最大难题其实并不在于外在的环境，而在于内部的氛围。如果每个人在组织中部切实有自己的一方天空，都能自主地管理相关的事物，在和谐的空气中无阻碍地交流信息，那这个组织就是稳定的，主人翁精神便会成为每个人实现自我价值的最终追求。

领导如何与部属交往是领导科学的一项重要内容，它直接关系到领导自身的形象和威信，关系到领导工作的成败。领导者只有掌握与部属正确的交往艺术，才能有效地减少、防止与部属互动中的误会、摩擦和冲突，促进领导工作的正常开展。

02
以人为本，汲取群众力量

领导的知识和能力是从哪里来的？正确的领导工作方法是从哪里来的？正确的路线、方针、政策、计划又是从哪里来的？是天上掉下来的吗？是领导头脑中固有的吗？不是！是从实践中来，从群众中来的。作为领导者，要善于从群众中把分散的意见集中起来，汲取群众的智慧和力量，转换成集体的目标，带领群众一同进步。领导做出的每一项决策，是否符合实际，符合群众的利益，都要回到群众中去才能得到检验。马克思主义认识论认为：认识来源于实践，实践是检验真理的唯一标准。实践、认识，再实践、再认识，循环反复，以至无穷，这是人类认识客观世界的总规律。因此，实际工作中，领导除了倾听群众的意见，汲取群众意见中的精华，根据群众意见和要求制定出正确的政策、路线外，还要把这些政策、路线贯彻到群众之中去，指导群众的实践活动，并在群众的社会实践中不断检验、修改、丰富和发展。领导的认识一次比一次更正确、更生动、更丰富，才能更好地工作。身为领导，最不该发生的事情就是群众一见到你，就像鱼群似的逃开，这样是无论如何都难以发现并吸收到群众的智慧的。造成这种现象的原因很多，其中之一就是领导与群众之间缺乏应有的感情和体谅。我们都知道凝聚土壤的是水分，而凝聚人心的是感情和体谅。

古时候有个"灭烛绝缨"的故事，说的是有一次楚庄王打了胜仗，在宫中举行盛大晚宴，突然刮来一阵疾风，照明的蜡烛被吹灭，顿时宫中一片大乱。楚庄王最宠爱的妃子觉得有人扯住了自己的衣袖，便灵机拔下了那人头上的帽缨，跑到楚庄王面前告状说："有人趁黑想侮辱我，我拔下了他头上帽缨，等灯再亮时，看谁帽上没有缨，就请大王把他抓起来。"楚庄王说："酒是我请大家喝的，喝多了难免失礼，我怎能为显示你的贞节而辱没我的部下呢？"说罢，举杯喊道："今日大家同我喝酒，不拔掉帽缨不足以尽欢！"于是等众大臣们都拔掉了帽缨，楚庄王才命令重新点烛，最后宴会尽欢而散。席散回宫，妃子怪楚庄王不给她出气。楚庄王笑着说："此次宴会，目的在狂欢，酒后失态，本是人之常情，若要追究，岂不大煞风景？"在奴隶社会和封建社会，调戏君主的宠姬，无疑是对君主的羞辱。这属于大逆不道之举，若犯了此罪，是在劫难逃的。楚庄王能够原谅部下的不轨，还想方设法替他打马虎眼，确实是有胸怀和度量的。而楚庄王这一招，收到了绝好的效果。三年后，晋国入侵楚国，楚庄王率军迎敌，有一位军官英勇无畏，奋不顾身，随即叫来询问，此人答道："臣下就是被王妃拔去帽缨的人，大王宽容而不治罪，我就一直想用生命来报答大王的恩典。"说完又率军杀向敌阵，终于打败了晋军。如果当初楚庄王听从了宠妃的话，一气之下处置了这个"罪犯"，就不会有三年后的感恩拼杀、奋勇杀敌、打败晋军的结局了。

在领导与群众之间，如果失去了感情和体谅，就像绿洲失去了甘泉。增进领导与群众之间的感情和体谅，一个有效办法，就是"善于扮演群众角色。"作为领导，要做好团结人的工作，那么首先必须学会处理好与不同类型的人的关系，使自己的人际修养上升到一个比较高的层次。这就要求领导广结"人缘"，并能以自身为核心，形成一个强有力的"人际磁场"。这与领导的个性特征有关。一个热情开朗、风趣幽默的领导比一个偏执狭隘、无视他人存在的领导更容易使人亲近。领导必须能够调节自己的性格，以适应不同类型的人际关系。由于领导的人际关系层次多、内容庞杂，这就要求领导的性格理智，能以自身的控制力来支配其言行。那些喜欢信口开河的领导会给人带来思想情绪上的不稳定；而领导性格上的急躁与草率，会给人一种沉稳不足，草莽有余，难以胜任和成就大事的印象，更让其他人大受其苦，不得不经常对领导察言观色，处处小心。清醒的领导一旦意识到自己性格上的缺陷将影响到与他人的人际关系，就会努力完善自己的性格，以免在复杂的人际关系中陷入困境。而且领导要善于以自己的才能因素来吸引周围的人，只有当人们对领导的才能由衷钦佩时才会与之接近，才会被领导的个人魅力所吸引，这时"人际磁场"便开始产生了效力。

另外，领导还必须与不同类型的人进行经常性接触和交流，以开拓其人际关系中的"荒地"。只有这样，才能使自己的"人际磁场"效应波及到更广泛的区域，收到更好的效果。这个人际磁场不是真空的，不可能不发生任何矛盾和冲突，在这种情况下，领导不是"同化"群众，就是被群众所"同化"。一般来说，身为领导，应该有强烈的"同化"群众的意识，使群众紧紧围绕在自己的周围，成为自己的"有机部分"。这样，才能显示出领导的凝聚力、向心力和威信，才能使群众对领导有一种尊敬、钦佩和服从感，从而使他们主动地、积极地奉献出智慧。事实表明，领导"同化"群众的意识和能力越强，获得的群众越多，获得的群众智慧也越多，其实际领导权力和地位就越高，越容易出成绩。领导工作中经常发生的人际交往，主要是与上级、下级、同级以及群众之间的关系。只有处理好这些关系，才能使互相之间关系融洽，配合默契，纵横贯通，做好领导工作。由于上级、下级和同级等角色，不同的人，身份、地位等各不相同。

因此，领导干部处理这些关系，搞好与他们之间的团结时，要根据不同情况，区别对待，这样才能真正搞好与不同层次、不同身份的人的团结。领导要与下级搞好团结，对下级要尊重，尊重是一种巨大的力量。上级与下级，领导者与被领导者，只是分工不同，在政治上、人格上是平等的，没有高低贵贱之分。同时对下级要信任、支持、理解、体谅。用人不疑疑人不用，让他干了，就要放心让其积极性有效发挥。遇事多帮助，体谅别人的难处。在下级面前带好头，处处起到表率作用。领导就其组织来说，是一位导演，但是要做好导演，必须善于当听众，学会洗耳恭听群众意见。群众意见有各种各样，有的顺耳，有的逆耳；有的可取，有的不可取。不论对何种意见，领导都要"洗耳恭听"。领导需要有虚心听取意见的态度诚意、雅量。即使是对某些幼稚的或片面的批评意见也当如此。作为领导，不要怕"挨骂"，再优秀的领导，也不可能赢得所有人的赞扬和拥护，总会有人不满意，总是会得罪一些人。人的思维想法是复杂的，群众又是各种各样的，对于群众中或有或无的批评或辱骂，领导者一定要有肚量容纳这些不好的言论，胸中有千秋。

领导在群众面前，要有错认错，主动承认。"人非圣贤，孰能无过。"只要坦诚地承认自己的过失，就可堪称贤明了。认错不是弱者，而是自尊、自信、自强的表现，喜欢把问题归咎于别人，才是懦弱的象征。一个领导如果能勇于认错，会给群众留下美好印象，也能在很大程度上挽回因过错而造成的影响。这不仅不会掉领导的"架"，反而会使其威信大增，使群众更愿把一片真心、满脑智慧全部奉献出来。有些领导总感到在群众面前认错有失面子，即使心里认错，而口却难开，放不下架子，丢不开面子。但是只有那些能够意识和接受自己所犯错误的人，才算是真正地认识了自己的能力。承认自己的过失也许是个冒险，很多人不愿意或不可能这样做。可是这冒险是值得试一试的，比别人早一步承认自己的过失，有可能使你失去一些东西，但你得到的也许更多。因为承认自己过失的举动证明你是个诚实的人。这样周围的同事才会喜欢、接受这位领导，进而信任、跟随于他，才能搞好与群众的团结，不再让人敬而远之，增加了个人的亲和力，能够与群众打成一片。竹子越高越弯腰。

在大革命时期，苏区有一位绰号叫"罗瞎子"的农民，担任了乡政府主席。有一次，毛泽东路过这个乡，找到"罗瞎子"等几个乡干部搞调查。当问到乡主席的姓名时，他自报家门是"罗瞎子"。毛委员追问他的真名，他说，从小就这么叫惯了，如今在乡政府里当主席，更不能叫官名。要不人家会说我摆官架子哩！"毛委员赞扬说："说得好，'苟富贵，毋相忘'，就是日后革命成功了，我们也不能像陈胜那样忘了与自己共患过难的父老兄弟。""罗瞎子"高兴地摇着毛委员的手说："要是你以后当了皇帝，不，要是革命成功了，你管理天下，我该怎么称呼您呢？"毛委员爽朗地回答："那你照样喊我老毛就是。"罗瞎子说："我记着您的话了。"新中国成立后，这一年，"罗瞎子"被选为出席全国劳模大会的代表，光荣地来到北京。会议期间，毛主席和中央领导同志要在怀仁堂接见全体代表。考虑到中央首长工作繁忙，大会工作人员要求代表们见到毛主席后，最好每人只说一句心里最想说的话。第二天，接见开始后，当毛主席走近代表们的时候，"罗瞎子"却突然大声说了这么一句话："老毛，您咯胖了！"这句话，使周围的代表们大吃一惊。毛主席也微微一愣，随即认出他来了。他亲切地朝对方肩膀打了一拳："罗瞎子，是你呀！""罗瞎子"激动得眼泪直往下掉："老毛，您到底还记得我这个小萝卜头？"毛主席哈哈笑了："咯还记不得？'苟富贵，毋相忘'嘛！"从毛主席与"罗瞎子"的交往中，我们不难体会到，怎样与群众交朋友，使群众感到你可亲、可爱、可敬。

　　但另一方面，领导者要善于把握与群众的距离，把握好这个度。只有保持适当的距离，才能使各层级的职能发挥好。如果把所有的下属团结成一家人似的，那么在发生冲突、矛盾的时候，亲疏问题、利益问题就会产生很多的麻烦，导致领导工作难以进行下去，从而影响领导形象。但是，与下属关系过于疏远，躲进了世外桃源，也不意味着就万事大吉了。与下属的距离太远，往往难以获得来自下属的意见、建议，听不到他们的呼声，许多信息也接收不到。在领导下达命令之后，由于过分强调与下属保持距离，命令在下属手中执行时，往往就难以给予有效的控制，导致过程失控。何况，不接近下属的领导，往往给人以摆官架子的感觉。下属都很厌恶这样的领导，因此在工作中也会有所怠慢。这样领导与下属之间便产生了一种无形的厚厚的隔膜，不但不能征服人心，反而距离越来越远。这样的领导就脱离了群众，任何的工作都无法进行，决策失去了客观性和准确性，最后往往失掉了自己的职务。保持距离是一门领导艺术，需要在实践中不断充实、不断积累。要想坐稳自己的位子，还必须加强与下属的交流，与下属之间保持经常性的信息沟通，就能使彼此统一步调和意志，以保证工作的顺利进行。交流、沟通是人际关系中最重要的一点，身为领导者，要广泛接触下属，了解情况，洞察端倪。

那么领导要如何与下属沟通呢？领导首先要消除沟通中的障碍，然后选择正确的交流渠道，同时提高自己的沟通水平。

现代领导活动，是以人为中心的管理行为。一个卓越的领导者，应当是最善于与下属和组织成员达成沟通的人，沟通能力的强弱会直接影响领导职能的实现程度、决定领导者在组织成员心目中的被认可程度。领导者决策的推行、意图的贯彻、目标的实现都离不开有效的沟通。而要进行有效的沟通，在沟通过程中，领导者要消除哪些障碍呢？首先是主观障碍。一般性主观障碍，包括人的个性、所处环境、地位、知识经验以及知觉选择等，每个人的个性都有喜他性和排他性，领导者也不例外。从生活的角度说，更多的是相似引起喜爱；从工作的角度说，更多的是相异导致互补。领导者与非领导者所处的环境不同，缺少非领导者的生活情感、心理体验，就难以理解对方的心理和行为；领导者社会地位的优越感，也会造成沟通时的换位障碍，不易或很难理解对方。

其次是心理障碍。包括心理品质、态度、意愿、成见、情感。过于自信、过于主观的领导者，自然会减少对他人信息的接收，而且会用自己的观点、看法曲解他人。态度决定了领导者心理的开合度和取向。成见以先入为主、凝固不变的印象，造成看人、看事的心理障碍。结果只能是沟通错位。而情感表现为对此人是"情人眼里出西施"，对彼人是怎么看都像"偷斧子的人"。这自然要造成大的认识偏差。再次是环境障碍。从主体角度看环境障碍，单位或集体的民主气氛。作为领导者，不能因个人的一言堂、家长制、专断作风，造成一个不让人讲话或压制人讲话的环境。下属群众有无参与意识，有无主人翁精神，有无建议、评论、批评的意识，都与领导者的素质密切相关。

最后是表达障碍。人的内在思想和外在行为的关系是复杂的。这不只是领导者要不要表现、要不要表达的问题，如感觉、感受、想法、思想等。领导者在进行一般的人际沟通时，有一半是表现在讲话的声调及弦外之音上，另一半则是通过人体的姿态、动作和表情等去实现。当然，装束、距离等也是人的思想情感的表达方式，而且在人际沟通时，又必须把握和理解对方的语言含义，领导者没有对方的生活经历和情感体验，或不了解对方，在沟通时就会带来表达的障碍。那么如何扫除这些障碍呢？接下来是选择正确的沟通渠道。领导者行使权力，不只是一个做出决定、发出指示、进行部署的简单过程，还要伴随细致的、艰苦的引导工作，以疏通权力运行渠道。这就要运用沟通、疏通的方法。渠道畅通了，关系理顺了，权力才会"顺流而下"。批评和自我批评是上下通气的必要条件。只有通气，才能团结；只有民主，才能集中。所以，一个成功的领导者，必须运用沟通的方法与艺术，善于选择正确的沟通渠道。沟通分为正式沟通和非正式沟通。正式沟通是指组织系统依据组织原则、程序、规定所进行的信息传递和交流。会议便是其中的一种，同时还有通过制度、通报的流程与下属接触。还有非正式的与职工的密切接触。面对面的交谈最能够调动人，保持相互信任，激发职工热情，有的领导把自己的管理原则，称作是"看得见的管理"。他们的一个原则就是下属应该了解领导，应该知道领导是个什么样的人，领导应该听些什么事情。对于领导自身而言，应该知道事情的进展情况；对下属而言，应该知道领导关心进展情况，这些都是非常重要的沟通方法。此外领导还要参加集体活动。领导者经常参加集体活动，这是非正式沟通的一种好形式。可以与群众建立一种平等的、平和的关系。

在沟通中要注意一些问题，首先，领导自身要多做否定，切忌先入为主。沟通是为了请教、交流、说明、求助。领导要放下架子、拉下面子、不耻下问。沟通之前，对自己的意见应打上一些问号。诸如：正确不正确？全面不全面？可行不可行？多思考、勤观察、常倾听、好反省，而不是先入为主，把主观意志强加于人。其次是坦诚己见，切忌似是而非。沟通是交流思想和看法的过程。要把自己的真实想法准确地表达出来，不能似是而非、模棱两可。毫无保留地讲出自己的意见，能够让他人进行比较性的思索，鉴别其准确性、可行性。只有比较才能鉴别。再次，启发对方，切忌走过场。沟通不是为了装门面、走过场、图好看，让人家说有民主作风，而是真心实意地集中群众智慧，发挥群体效应，以便决策正确、权力使用得当，把事情办好。

因此，沟通时必须态度诚恳，从正反面启发对方，充分听取意见，而不是蜻蜓点水式地一扫而过，走形式。最后是认真分析意见，切忌草率下结论。经过沟通得来的意见，是多方面、多角度、多层次的，要对之做细致的整理、归纳，客观地分析、判断，或通过会议形式再行沟通，做出最优决策或满意决策。下结论时切忌带主观性、片面性和表面性，不能听风就是雨，草率下结论。领导者要做出正确的决策、行使权力，就必须选择正确的渠道，多方沟通。在沟通过程中，语言扮演着最重要的角色，所以语言的运用是否恰当很大程度决定了讲话的效果，良好的语言表达与传递也是作为领导需要精练的一门技艺。这包括领导如何提高讲话水平，如何打动群众，如何形成自己独特的讲话风格。作为领导一定要讲真话，实在、准确，还要通俗易懂。假话、套话都是群众所不能忍受的，这不仅浪费了大家的时间，还影响了群众的积极性发挥，损害了集体的利益。说话是一门艺术。谈吐是一个人的标志。每个领域、每个行业、每一种特殊的场合，往往都有自己独特的语言艺术。例如，教师工作有教师语言艺术，外交工作有外交工作语言艺术。而对领导工作来说，也同样有领导者的语言艺术。领导者要提高自己的"文才"与"口才"，要提高自己的文字表达和口头表达能力，就必须努力掌握语言艺术。话说得合宜，会使人笑，令人信服。然而一句话说得不合适，就会让人哭笑不得。

相传从前有个叫列大的人，在他五十大寿那天，特地邀请了张三、李四、王五和赵六来聚会。快开饭了，赵六还没来，列大急了，自言自语道："唉，该来的还不来。"张三听了，心想，我可能是不该来的。于是一拍屁股走了，列大看到张三莫名其妙地走了，着急地说："哎，不该走的又走了。"李四听后一想：我可能是应该走的。于是，拂袖而去。王五见此情景，便劝列大："老兄，你说话可要注意啊！"列大双手一摊，对王五说："其实，我说的又不是他俩。"王五一听，这一定是讲我了，于是起身也走了。看！这就是语言表达不利的后果。然而，说话对大部分领导者来说，并不是一件困难的事情。毕竟，能坐上领导这个位置，必然有两把刷子的。作为领导，说一些好听的话，取代原本恶意的批评或负面的字眼，也许能够弥补伤害；更聪明的做法是，随时留意所说的话，因为它们可能比我们想象的更具力量。

当然，在领导与群众共事中，只有理性的沟通与合宜的语言表达是不足够的，毕竟人是情感动物，正如前面提到的，领导要懂得投入感情，晓之以理，还要动之以情。

要成为一个成功的领导人，一方面是要有卓越的工作能力和竞争意识，努力使自己的愿望变为现实；另一方面则要有高超的驾驭下属的能力，这样使每一个下属都人尽其才，才尽其用。没有下属的功劳和成绩作根本保证，领导者的工作等于零。每一个人都有不同的性格特点，内向或者外向，学历才智也各有差别，这些人组成一个团体。作为领导的这个人，就需要合理组合这个杂乱无章的集体，激发每一个人的创造力，同时集合他们团结一致实现目标。那么，如何才能做到有效地驾驭、管理、统一呢？

　　三国时的诸葛亮可谓是治军的高手，单从挥泪斩马谡一事即可见一斑。马谡大意失街亭之后，西蜀屏障全无，诸葛亮当即决定将马谡斩首示众。而到临刑之际，诸葛亮却又痛哭流涕，细数马谡的长处，感动得马谡也痛哭失声，如遇爹娘知己，而后毫无怨言平心静气地赴死，众将士也都为诸葛亮的执法如山和体恤下属所感动，自当效死捍卫蜀国。这是诸葛亮的高明之处。如果顺序反一下，在马谡失街亭之后，诸葛亮先是大哭一通，而后再斩马谡，那么情形就不一样了。那时候会有很多人以为他在猫哭耗子，军心也必然涣散。诸葛亮的高明之处就在于他做到了赏罚分明，先是严明纪律，而后再讲人情味，这样才会使威慑力和情感力良好地结合起来。当领导既不能一味地讲严，铁面无私，也不能一味地求人情味，毫无原则，更不能本末倒置，否则就会失去领导者应发挥的作用。下属都希望自己的领导不但要有出众的才能，还要有出色的运筹帷幄的决策能力，有大将风度，责人宽、责己严，不紧揪别人错处不放，有人情味，有表率作用。作为一个领导，要掌握苛责和感情输入的良好运用。苛责过分，下属会认为你不近人情，缺乏理解，从而产生逆反心理，消极怠工，不愿干出成绩；感情输入过分，会使你显得比较软弱，缺乏应有的威慑力，下属也会对你的命令或批示缺乏执行力、甚至是置若惘闻。而领导对下属适时的赞扬和认可常常会产生意想不到的效果。如果一个下属被批评指责过无数次，那么来自领导的一句肯定、一次赞扬会使以前的批评指责荡然无存，他会带着这份认同毫无怨言地尽心尽力去工作。

要记住，赞扬是必要而且有效的，鼓励是一种前进的动力。不要以领导自居，孤芳自赏，认为自己是全知全能的，其实从下属身上可以学到很多东西。其实，很多时候下属所怕的不是领导狠狠地责备他们，而是不给他们以表现自己的机会。所以，对于下属，责备、批评和承认、赞赏同等重要。作为领导，该强硬的时候必须强硬，该温情的时候也必须温情。下属的潜能究竟有多少，有时连他们自己也弄不清，而能够使其尽情发挥的原动力就是你的工作方法。责备和批评能够激发下属改进的热情，而承认和赞赏则恰恰能激发下属创新和进取的欲望。古代有许多杰出的军事家和领导人物，一方面他们有着卓越的指挥作战才能，另一方面也有着高超的统驭下属的能力，这些下属肯为他们做一切可以做的事情，甚至牺牲自己的生命。关键是他们能够融情于理、于法，法情并重，情理并重。

以上谈及的都是领导如何与下属之间的相处、交流、沟通、共事，除此之外，领导还要处理一些诸如同事之间的纠纷、矛盾等问题，那么要如何调解这一类的问题确实是一个非常头疼、棘手的问题。因为如果处理不当，一旦公事变成私人恩怨，恐怕日后在工作中就会成为难解开的结。对下属间的矛盾处理不当的话，极有可能为领导自己埋下一颗定时炸弹。中国历代官场都流行窝里斗的恶习，同事之间为了争权夺利明争暗斗。如果掌权者能够巧妙地加以利用和操纵，便可收到意想不到的效果。一个能够控制住局势的掌权者，总是善于在派系林立、派系纷争的局面中寻求平衡。美国首任总统华盛顿就是一个精于此道的高手。

华盛顿在组织内阁的时候，让起草《独立宣言》、精通国际关系、深受国民敬慕的杰斐逊任国务卿；让具有卓越的法律、行政才能的汉密尔顿任财政部长。但是，杰斐逊和汉密尔顿却像是"一根木桩上的两头驴子"，脾气很倔，还彼此仇视，相互用"蹄子"踹对方。俗话说："一根木桩上拴不住两头

叫驴。"华盛顿却反其道而行之，其中自有他的道理。杰斐逊和汉密尔顿分别
代表了北方的工商业资产阶级和南方的种植园主，由于双方利益不同，在制定
政策时分歧迭出。同时，政府的权力分配又加剧了两个人之间的矛盾。汉密尔
顿为财政部长，实权相当于"首相"，还经常插手外交事物；在外交上汉密尔
顿亲近英国，而杰斐逊亲近于法国。而英法之间又是矛盾重重。他们之间的巨
大分歧使两人像两只好斗的公鸡天天在内阁里打架，后来发展到在报刊上相互
攻击。华盛顿这个"头儿"，就夹在这"两头驴子"的中间，还要有效地驱使
他们，没有一点用人的法子谈何容易！华盛顿的聪明、巧妙之处就在于他在对
立与不和中寻求"中间通道"。他总是能够用他们两人目标的相同点来消除他
们手段上的差异，始终把内阁维持在一个统一体中而不至于破裂。就这样把两
个一流的人物团结在他的身边，使内阁的力量始终不减地呈现一流水平。

　　无独有偶，大名鼎鼎的乾隆皇帝也是位精于此道的高手。他把和珅、刘
罗锅两头"叫驴""拴"在自己的身边，使他们两人经常闹些矛盾，双方相
互"踢咬"，防止两人联合起来对付自己；同时，又以"和事佬"的身份出
现，使两人围在自己的身边团团转。据说，有一天乾隆在新任宰相和珅和刘罗
锅的陪同下游山赏景。乾隆随口问了一句："什么高，什么低，什么东，什么
西？"饱有学识的刘罗锅随口即应："君子高，臣子低，文在东来武在西！"
和珅与刘罗锅素来不和，两人明争暗斗已非一日，此时他见刘罗锅抬在自己前
面，十分不快，随即相讥："天最高，地最低，河（和）在东来流（刘）在
西！"因为当时的皇家礼仪中，上首为东，下首为西，此话暗指：你刘罗锅再
有能耐，还在我和珅的下面。刘罗锅那么聪明，他当然知道和珅的用心，心里
也极为不满，暗自寻找机会回击和珅。当三人来到桥上，乾隆要他们各自以水
为题，拆一个字，说一句俗话，做成一首诗。刘罗锅张口即来："有水念溪，
无水也念奚，单奚落鸟变为鸡（繁体为'鷄'）。得食的狐狸欢如虎，落架的

凤凰不如鸡"。和珅一听，好呀，老家伙骂我是鸡！岂能饶过他，"有水念湘，无水还念相，雨落相上便为霜，各人自扫门前雪，休管他人瓦上霜！"告诫刘罗锅，给我当心点儿！乾隆听出了二人不和的弦外之音，二相不和，将会有损大清事业啊！于是，他一手拉一人，而对湖水中映出的三人影说道："二位爱卿听着，孤家也对上一首：有水念清，无水也念青，爱卿共协力，心中便有清。不看僧面看佛面，不看孤情看水情。"二人听罢，心中为之一震，深为乾隆的如此循循善诱而不降罪的龙恩所感动。二人立刻拜谢乾隆，当即握手言和了。对于下属之间的矛盾，公说公有理婆说婆有理，而对于上司来说，手心是肉，手背也是肉。那就需要领导懂得和稀泥，这样矛盾就会在无形中得以化解，这是作为领导的成熟与智慧之处。

03

软硬兼施，重在激励

拿破仑曾说过："只要给我足够的勋章，我就可以征服世界。"

人生是一场奋斗。人生正如舞台、赛场，需要观众，需要啦啦队，需要旁人的喝彩、欢呼，需要肯定。荣辱之心，人皆有之。谁都希望社会承认自己的价值和工作的成绩，并能得到别人称赞和上级的褒奖。许多做出伟大业绩的人物，最初可能就是得益于别人的一句赞美的语言，一句诚挚的肯定，甚至一次无言的鼓励。当一个人的才能得到他人的赞扬、鼓励的时候，他会产生一种发挥更大才能的欲望和力量。"人激出智慧，水激出浪花。"三国时，曹军压境，刘备手下别无良将，急需老将黄忠横刀立马。但诸葛亮对黄忠可否拿不准。便故意制止黄忠出马，并感叹黄忠已非当年。一番话激起了黄忠的自尊心，他挥刀上阵，所向披靡，给后人留下了"宝刀不老"之美谈。《圣经》上有这样一个故事：有位农户赶着一头驴子进城，驴子乖乖地跑，他就喂它胡萝卜；驴子东张西望，不好好走，他就用大棒在它的屁股后面拍打；这样，农夫很快到达了目的地。行为学界有人引用这个故事，把胡萝卜与大棒比喻动机诱导决策的两类激励因素，胡萝卜喻为正激励，即奖赏；大棒则比喻为负激励，即惩罚。每个人都有荣誉感，都需要得到社会的承认、赞誉和奖励。奖励的作用在于，把劳动者的个人需要与社会需要联系起来，充分调动群众的劳动积极性，使他们从"要我干"，变为"我要干"。在领导工作实践中，要真正做到这一点很不容易。

那么领导者要如何做，才能做好激励工作呢？现代管理理论之一的行为科学告诉我们，要激励部属的内在动力应在三个方面考虑、下功夫。这三个方面，首先是考虑"原因变数"，如确定工作的目标、实施方法和达到的标准；然后是考虑"干涉变数"，即提高参与者的积极性、产生工作动力和挖掘工作潜力；最后是考虑导致最优化的"产出变数"，即要达到提高工作质量、多出工作成果的目的。

外因通过内因起作用。要实施有效的管理，关键是要寻求人心内在的原动力，抓好对人的管理。行为科学家马斯洛的"需要层次理论"告诉我们，人的各种各样的行动都是由一定的动机所支配的。动机是激励人们去行动以达到一定目的的内在原因。需要又是动机的基础，它不但能引起新的需要，而且能引导动机走向正确的目标，控制人的行为。作为领导者应该承认被领导者具有自我控制、自我指挥的能动作用，激发他们的内在动力，使其产生积极性、主动性和创造性。领导者要端正对他们的根本态度；尊重他们的创造精神；大力发扬民主。在完成工作任务过程中，广泛地利用专家、能人进行任务攻关，有计划、有目的地开展活动，给予他们充足的发现自己、表现自己、提高自己的机会，让他们感觉到自我价值受到肯定，个人的能力得到提升。同时，了解他们的需要，关心他们的生活，掌握他们的情绪，知道他们的要求。要及时搜集他们实际需要的信息以及各种欲望的满足程度。当这些基本需要得到满足以后，他们就能一心扑在工作上。掌握他们需要的特点和变化的规律。被领导者虽然在年龄、经历、家庭和受教育的程度等方面有很大的差异，但从需要的特点上来看，还是有一定规律的。比如，刚参加工作的年轻的同志，需要更多的是多掌握一些高新技术、工作本领及个人的进步；而中老年同志随着年龄的增长，更多地考虑是个人的后路问题。还要在工作中要广泛开展一些竞赛的活动，诱发他们不服输的"自尊需要"，形成一种内在的推动力量，激发出他们的积极性。

在行为科学中，目标是一种刺激。它既指引人们奋斗的方向，又鼓舞人们奋发向上。目标是一种力量，为了实现既定的目标，人们就会心向一处想，劲往一处使；人们会夜以继日、废寝忘食地拼搏；人们更会为目标的实现而兴奋不已。目标本身不是动力，它却能引发人的动力。目标激励的原则是设法激起人们设置自我奋斗目标的欲望，使其形成内在的需求动机，让较多的人自觉进入最高需求层次，进入实现自我价值的境界。制定一个合适的目标能激发人的动机，规定人的行动方向，产生一种为达到目标而实行自我控制的内在力量。以目标形成一个磁极，吸引众多力量集中的向心图形。良好的管理特征之一，就是要有一个十分明确、实在的目标。为此，领导者确定目标必须注意以下三点：一是目标的涵盖性，也就是说确定的目标必须同单位和个人的利益相联系，使每个人都认识到实现目标不仅对整体，而且对个人都有促进，做到思想统一，这样确定的目标效值就大。二是目标的合理性，要适当、可行。目标确定的低，激励作用就小；目标过高又会使人望而生畏，缺乏实现目标的信心。最好的办法是目标拟定以后，采取自下而上的民主评议，从群众的共同意见中集中集体的智慧，进行科学的决策。这样确定的目标可以减少随意性，增强科学性。三是要时刻关注目标的实现进程，做到及时反馈，定期检查，做好调整和引导工作。目标确定后，要让每个人都了解自己实现目标过程中的作用，对准目标去调整自己的行动方向，形成内在的自我控制力。

根据马斯洛行为学原理，人的行为出自动机，而行为结果的优劣，对指导该行为的新动机会产生重要影响。好的结果能加强动机，促使行为重复出现，增强行为的自觉性。反之，则削弱动机，减少行为出现次数或不再出现。这就需要领导利用奖励措施去鼓励先进群众，调动下属的积极性。这属于"正刺激"。利用惩罚的办法去抑制消极因素，则属于"负刺激"。利用这种动机原理，我们在管理中必须做到坚持奖惩。建立和完善竞争激励机制，严格奖惩标准，把单位、事业成绩的好坏同个人的成长进步和实施奖惩等切身利益挂起钩来，做到有褒有贬，旗帜鲜明地扶正压邪，奖励先进，鞭策后进。要多用"正刺激"，少用"负刺激"。以表扬为主，以批评为辅。而且奖惩的运用要按实际的需要灵活实施。如对待先进个人、骨干成员应高标难、严要求；对后进人员、新同志或素质较差的人员，要善于发现他们的成绩，及时地对他们的进步予以肯定。要在此基础上，实现自我超越，达到先进更先进，后进赶先进的目的，形成管理的内在动力。所以无论是奖励还是惩罚，都要及时。这样被领导者才会知道领导者经常关心自己的工作，从而激发出持久的工作热情。最及时的奖励应该是口头上的赞美，对一个人的工作能力及其他积极因素的肯定。通过赞美，人们可以了解自己的行为活动的结果。

所以说，赞美是对自我行为的一种反馈，而反馈必须及时才能更好地发挥作用。一个人在完成工作任务后，总希望尽快地了解自己工作的结果、社会反应等。好的结果，会带来满意和愉快的情绪体验，给人以鼓励与信心，使人保持这种行为，继续努力；而坏的结果，能使人看到不足，以促进下一次行动时的专注、改进，以求得更好的结果。同时，人们通过尽快地了解反馈信息，对自己的行为进行调节，巩固、发扬好的东西，克服、避免不良的影响。如果反馈不及时，事过境迁，人的热情和情绪都会冷却，这时的表扬与批评都没有太大的实质意义。在领导过程中，管理人、开发人的潜能是领导者最主要的工作。人是最大的资源，倘若能集中众人的才智，将会产生意想不到的力量。作为一个领导者，要想发挥对别人的影响力，要想别人支持自己，说服别人同你合作，必须鼓励他们，而不是打击他们。不管从心理角度还是从管理角度来说，都没有任何证据证明一个人在遭到打击之后，反而感到幸福。而且在奖励的手段上，物质奖励是最基本的奖励方法，但纯粹的物质刺激，其作用是很难维持长久的。因此，在重视物质刺激的同时，必须充分运用精神奖励，承认人的个性、自主性，提拔担任更重要的工作，给机会深造。让员工感觉自己的价值被认可，进而更卖力地工作，为集体效劳。

赞美和奖励是对人的心理的正面强化；批评和惩处，则是对人的心理的负面强化。表扬使人情绪高涨，决心再接再厉；批评却能使人冷静、清醒，决心改过自新，迎头赶上。其实，表扬和批评都是激励手段，目的都是让人进步，殊途同归。表扬富于艺术性，而批评更是一门艺术，其技巧的要求更多。但实践表明，只有正确的、恰当的批评才能产生激励效果，不正确的批评则会使情况更糟，甚至产生严重的后果。因此，要想达到激励的目的，必须掌握批评的方法和技巧，发挥艺术的魅力。批评的激励机制是由于被批评者的内疚和感激而产生的改过自新、努力做好工作的需要与动机。所以，批评者必须了解和掌握对方失误或错误的准确情况，才能做出正确的、令人信服的批评，也才可能有激励效果。弄清事实真相，既是实施批评的前提，又是批评的基础。批评的艺术性同批评的科学性是密切相关、相辅相成的，艺术以科学为基础，不能脱离科学规范，否则就有可能弄巧成拙。科学则内涵于艺术之中。高超的批评是艺术与科学的有机结合，这样的批评才能产生好的激励效应。领导者在批评下级时，如果同时也做自我批评，甚至先做自我批评，这就是艺术，因为它效果好；同时这也是科学，因为下级的工作过错或失误，上级本身就负有责任。批评同表扬一样，都是一种心理强化，善意的批评的出发点是关爱，所以，无论从哪一方面说，批评都可以产生激励效应。

不过，批评必须讲究方式、方法，要重视批评艺术，只有正确、恰当的批评才有激励作用。恰当的批评能激发下属的自尊心，使其从逆境中警醒，从失败中总结经验教训，吃一堑，长一智，更好地朝着既定目标去奋斗、去追求。批评首先要对症下药，就好比给人看病，望闻问切，科学诊断，才能药到病除。一般地说，对外向且心胸开阔的人，可以公开批评；对内向且气量狭小的人，宜私下里批评教育。那些平时一向表现不错，工作积极踏实的下属，出了点小问题，内心往往愧疚不已，这时领导者只要多跟他沟通，侧面地提醒，就可以使其认识错误，改正缺点。那些平时吊儿郎当、不拘小节的人，工作上出了失误或犯了错误，往往不当一回事，对这样的人必须给予直接、严肃的批评，指出其错误的严重性和危害性，才能使其回心转意，改正错误。在与下属沟通的过程中，领导者必须了解部属的个性和心理。因人施教，方可收到良效。

作为领导，要做到责人先责己。当某项工作完成不好或出现差错时，作为具体实施这项工作的下属，固然有错误，应负主要责任，但处于指挥、管理和监督岗位的领导者，也有不可推卸的间接责任，这时如果领导者不首先担当责任，且一味地批评甚至训斥下属，下属就会产生不服的情绪。所以，在这种情况下，领导者在接触沟通时要先主动承担领导责任，进行自责，然后再指出下属的错误，分析原因，找到解决问题的良策。表达方式要注意先扬后抑、不当众指责、训斥。大凡有经验的领导在批评下属时，都会在批评之前对批评对象的优点和成绩进行表扬和肯定，然后再指出他的缺点和错误。这样，被批评者会觉得领导的批评是善意的，是为了帮助自己改正错误，对问题的分析也是中肯的、切合实际的，对自己的评价也是实事求是、客观公正的，不至于让下属丧失信心，更不会埋怨领导，对领导耿耿于怀。所以，在批评下属之前，宜先表扬。当然，表扬也好，批评也好，都有赖于双方的接触沟通。至于当众批评，万万不可，人都爱面子，都不愿意受到他人的批评。领导者要尽量不当众批评下属。下属在一些地方出现失误或过错，如果不用公开批评也能提醒其过失，那么，最好不要当场点出，以保全其面子，过后再与他沟通，恰当地提出批评。这样，下属会体会到领导对他的爱护和体贴。反之，下属会觉得领导者是有意和他过不去，是故意在众目睽睽之下给他难堪，影响他在公众面前的形象和声誉。这样，势必会使下属产生逆反心理，影响下属的工作积极性。当然，下属犯了严重的错误，甚至是不可饶恕的错误，做领导的不但不能回僻，还要当众批评，措辞也当严厉。但是领导批评的时候要注意一定不要言辞尖酸、恶语中伤、吹毛求疵、絮絮叨叨、不分场合。

上面既然谈到激励法，就不能不说到巧妙的危机激励法，这是很多领导者惯用也是很管用的一个激励员工不断创造、不断前进的办法。

当一个人处在危机状态时，精神会高度紧张，注意力非常集中，这时就可能产生巨大的能量，以求摆脱危机。传说西汉名将李广曾一箭射进石头之中，但是仅此一箭而已，接下来的第二箭、第三箭再也射不进石头。因为射第一箭时他把石头误认为老虎，在危急之时爆发出了超常的能力。而第二箭、第三箭时已经知道不是老虎而是石头，就已经没有任何危机的感觉了，也就不可能产生超常的爆发力，所以箭头怎么也射不进石头之中。这虽然是一个传说故事，但它所反映的现象却是客观存在的，而且很普遍。如果是一个群体共同处于危机之中，不仅其中的个体能够产生比平时大得多的能量，而且大家都能够产生比平时高得多的自觉性，能够齐心协力地对付危机。这种齐心协力会产生的巨大的能量，造就奇迹。危机的激励作用，原理来自于由压力和共同利益产生的压力，这会使处于危机中的共同体暂时放下个人恩怨和个人利益，顾全大局，团结一致，聚集力量。然而有时面临危机、危险、逆境、困难、灾难的人们并不知道自己的处境。能够清醒地做到居安思危的人总是少数，大多数人要靠宣传、提醒以及教育才能逐步认识危机处境。因此，可以有意识地把某些已经出现的危机征兆告诉人们，利用危机激励、调控人们的行为，以便共同对付危机。同时，危机激励也是一种信息激励，当接收危机信息的一方对危机的真实性或可能性产生认同时，危机感也就随之产生。传递危机信息的方式和途径有很多。

　　我们都知道，日本一直有着强烈的危机意识，无论他们的企业、学校还是政界都盛传着危机存在的信息，时时激发着日本人的团队精神和奋斗精神。日本之所以这样做是有深刻原因的。首先，日本是一个岛国，缺乏自然资源，所以他们用"生存危机"来激励国民刻苦学习，拼命工作。其次，日本毗邻美中两国，美国科技发达，实力雄厚，而中国悠久的历史，灿烂的文化，广大的版图和丰富的资源，也使一海之隔的日本不禁自惭形秽。这种自卑感转化为一种集体意识，导致日本习惯了以美国、中国为对手。树立一个对立面，是自设危机的一种办法。"树立"一个强大的、很有威胁的"假想敌"，这是一种很有效的危机激励法。竞争总是残酷的，要把别人比下去，首先自己要强大起来。危机就是一股神奇的推动力，它能够在瞬间激发人的超常能量，在一个时期内激发人的顽强意志和坚韧毅力。作为领导，一定要善于利用危机调动人的积极性，调控人的行为，把危机转化为动力，团结一致，奋勇前进。

　　危机激励法之外，还有成就激励法和参与激励法。首先说一下，成就激励法的机制。成就对人具有激励作用，无论大人或小孩都一样，无论个人或团体都一样。但是成就的激励作用必须通过中介机制才能实现，这个中介机制就是来自外界的承认。这包括三个方面：一是来自于同行、二是领导，三是社会。其中，同行的认可是基础，领导的肯定是关键，而社会的承认，则需要较长的时间，因此激励的效果也较长久。如果一个人做出了成绩，对组织有贡献，却得不到承认或被他人占有，其后果是严重的。在一些人的眼里，成果比生命还重要，甚至为了保卫自己的成果而不惜付出自己的生命。因为人的成就欲望是非常直接、重要而又强烈的。它属于马斯洛需求层次中的最高层次。人的文化层次越高，思想境界越高，对成就的需求欲望也越高。而这种需求欲满足的程度对其行为的影响也越明显。成就欲望是自我实现的需要，人人都有成就的欲望，角色不同，所追求的成就的形式也是不同的。

领导者的成就不同于下级的成就。领导者的领导成就主要是体现在下级、员工具体工作成就之中的，每个员工取得的工作成就中，都有领导的一份。若员工不能做出成绩，领导也无成就可言。因此，领导者的责任应该是鼓励所有的员工出成果、有成绩，而不是只想到自己取得这样、那样的具体成果。毫无疑问，领导者应该把成就欲作为激励下级和员工积极性的有效手段，应该千方百计刺激他们的成就欲，因此，凡工作中的成绩，都应首先记到下级和职工的账上，对于成绩、贡献要分清，要说明白，不能占有下级的功劳。很多时候，领导都是幕后工作者，为员工们创造条件，多服务。有一句通俗的话，叫做"领导搭台，群众唱戏"。"搭台"也就是创造条件，让群众各显神通，施展他们的才华多出成绩。如果领导者都上台表演，显示自己，下级和员工就只好当观众而"袖手旁观"了。不过，准确地讲，领导者应该既搭台又当导演。把机会让给台上的演员们。有外出学习深造的机会，科研课题的机会，增长见识的机会，接受荣誉的机会等，让给下级和员工。因为这些机会对于需求层次高的职工很有激励作用，而且也有利于提高他们的素质和能力，有利于多出成果。有些时候，领导者越是往后站，主动把下级和员工推上前，越是在向前进步，带领着集体前进。正如毛泽东的诗词所说："俏也不争春，只把春来报。待到山花烂漫时，她在丛中笑。"成就对人的巨大激励作用同危机或危机感的巨大激励作用形成鲜明的对照，在管理心理学上，前者为正强化，后者为负强化。但是，对人类的行为应以成就激励为主，以危机激励为配合。

让部属参与重要事项的决策，从中学习、提高自己的能力和才干，这也不失为领导的一项激励智谋。这样一来，决策的制定会系统、科学、客观，二来，能使部属们感觉到上级的信任，同时有利于组织内部形成民主的领导作风。这些都有利于调动下级部属的积极性和主动性。从实践来看，人们总是乐于支持他们参与创造的事情，愿意把自己参与的事情当作自己的事情去办理。如果下级对上级的决定一无所知，或者觉得自己有更好的主意和更有用的信息没有贡献出来，或者好的建议没有被采纳，肯定会在不同程度上损害下级对决策执行的积极性、主动性，工作的热情和责任感也会打折扣。这是造成被动执行的一个重要原因。其实，一项重要决策总是众多人影响的结果。英国的研究者曾用几年时间对一些大公司和组织的100多个决策过程进行了研究，结论是有若干个潜在的"领袖"在不断变化的角色关系环境中发挥作用。在现实生活中，那些熟悉决策事物的人，那些对领导深具影响的人，那些有威望的人，总在影响着决策，他们的意见甚至能左右决策者。不管决策者的主观意识强弱，这种现象都是客观存在的。因为参与是人性的一个普遍性特点，是人的一种精神需要。既然如此，决策者何不主动地让下级参与决策，满足其需要？满足这种需要有利无弊，堵塞这种需要则有弊无利。

把参与作为一种激励手段，关键是领导要主动，只有领导出马，激励效果才最好。让下级参与决策的方式主要有两种：一是上级领导提出问题，发动下级讨论，征求意见、建议和方案，然后择优而定。二是上级领导已经有了初步的方案、主意，然后征求下级的意见和建议。这种方式主要是为了完善决策方案，并使下级对决策情况有所了解，在执行中能够负起责任。根据不同情况，两种参与方式都有利于增强参与者的主观能动性，可激发起成就意识，利于互补协作；从整体来看，都有利于增强整体凝聚力，使思想容易统一，方向较为一致，群策群力。但是，让下级参与决策也是有条件的，它要求上级领导有较强的影响力，要求下级有较高的素质和成熟度，没有这个基础则不容易成功，或者不容易收到好的效果。据说，日本的一些公司与外商谈判重要事项时，先是派一些职能部门的代表去谈，然后再派另一些职能部门的代表去谈，都是谈而不定，等到职能部门谈得差不多了，公司才同外商最后敲定。这样做的好处之一就是有关部门了解情况，容易把握决策的具体事项，对决策的执行较主动，积极性高，因而决策落实快。让人参与是成功的必要条件。处在任何集体中的人都有参与集体事务的意识，个人态度的改变依赖于他参与群体活动的方式，区别在于主动型的人态度改变大，被动型的人态度改变小。

从心理的层面上，让人参与包含着信任和尊重，信任和尊重既是人的高层次需要，也是激励的心理基础。这种信任和尊重会使参与者产生责任感，这种责任感则被参与者内化为一种立场，站在参与事物的立场上，以自己的角度观察、认识事物，并由此产生一种把自己和他人动员起来的热情，由此把参与其中的事情当成自己的事情。同时还会产生一种希望它得以发展、得到成功的意愿。参与意味着信任和尊重，参与蕴含着智慧和力量、激励和成功。让下级参与重要事务的决策，不管是从心理方面还是从民主政治的角度来看，无疑是调动下属积极性、主动性、创造性的一种重要途径，这有利于提高人的综合素质，使部属从参与中增长才干。

领导者在做出科学的决策后，不是要事必躬亲，而是要千方百计调动下属的工作积极性，让每一位下属都发挥出自身最大的潜能，圆满地完成工作任务，最终达到既定的目标。工作有价值、能力有提高、事业有奔头，从而保持较高的工作热情。

04

羊群走路看头羊

一场战斗中，一群狮子轻而易举地打败了一群绵羊，羊群很不服气，认为是领导的问题，于是它们各自交换了领导：由一头狮子带领一群羊和一只羊带领一群狮子进行比赛。

领头羊开始做战前准备。当他走到狮群面前，狮子们都笑了：不懂技术的羊怎么能带好狮群呢？这是外行领导内行，所有的狮子都不服气，自然羊也就没有办法发号施令。而狮子带领的羊群这一边情况就不同了，绵羊们都很尊敬狮子，也都愿意听从狮子的安排，训练进行得很好。

比赛开始了，羊带领的没有经过良好训练而且军心涣散的狮群被狮子带领的训练有素的羊群打败了。

总结失败的教训之后，羊认为这是孙子兵法中提到的"上下同欲"的问题：只有上下一致，才有可能取得胜利。这一点得到了狮群的共识，他们也虚心接受羊的批评，表示会听从羊的领导，坚信下一次一定能打败对手。于是羊带领狮群开始了战前准备会，大家讨论克敌制胜的办法。狮子们经验丰富，各自说出了很多行之有效的好办法，羊虽然认为很多意见都很好，但想在众多狮子的建议声中找到最合适的办法却是件难事，事实上它已经很难做出正确的判断了，最后决定采用抓阄的方法。虽然在这次讨论开始时大家热情很高，但在结束后却令众多狮子很失望：一部分是因为自己的建议没有被采纳，另一部分是认为这个集体太不团结了根本没有前途。而狮子带领的羊群那一边，情况完全不同。羊们都尊重狮子的领导能力和战斗经验，尽管也有提出建议不被采纳的情况，但心里也没有不平衡，毕竟自己没有经验嘛。战前准备和训练进行得很好。

新的比赛开始了，狮群出现了分裂，几头狮子采取了不同的策略，由于没有互相支援，再一次被团结的羊群打败。失败后狮群还在互相指责。

不服气的羊带着狮群继续开会总结失败的教训，认为队伍中仍存在声音太多的问题：我们需要的是坚定的执行者，而不是众多的评论家，其实如果只按一种方针也许早就打败羊群了。狮子们也做了检讨，并表示这一次一定按羊的意思行事，不再犯上次同样的毛病。羊重新确立了领导地位之后，开始按自己的方式对狮群进行训练，狮子们没有任何反对意见。狮子带领的羊群这一边，狮子按照自己的方法训练羊群，把羊们培训得都像一头头狮子，训练的方法和标准也都和狮子一样，羊们都感觉自己就是狮子。

第三次比赛开始了，羊群冲了出去，就像一群凶猛的雄狮，而狮群则像一群羊一样去用头上的角还击，可是他们的头上根本没有角，于是，他们再一次被打败了。

事实告诉我们：一头狮子率领一群绵羊能打败一只绵羊率领的一群狮子。相似的，中国有句古话：兵怂怂一个，将怂怂一窝，将帅无能累死三军！

对一个企业的发展来说，企业领导者的重要性是显而易见的。纵观中外，每个成功企业的背后，无不屹立着一个卓越的企业家和他所带领的企业领导者团队。美国通用电气的杰克·韦尔奇、中国海尔的张瑞敏、联想的柳传志等都是为人津津乐道的卓越的企业领导者。企业的成功与失败和企业领导的行为是息息相关的。

20世纪80年代，美国经济处于低谷期，一位经济学家曾说，如果有50个真正的企业家，就可以振兴美国的经济。这话虽然绝对，但充分说明了企业领导者的重要性。一个企业在市场上的竞争，一定意义上说，就是企业领导者战略智慧的竞争。企业领导者是企业战略的制定者、执行者和企业文化的塑造者，领导者的行为能力决定了企业的未来。

很多时候，企业就像航行在风高浪急的大海里的一艘船，企业的战略就是船长手里的罗盘，它引导这艘船的未来航程。联想集团的创始人柳传志总结多年的经验，提出企业总裁要"建班子，定战略，带队伍"。这里有一个顺序，他把"建班子"排在了第一的位置，因为柳传志先生认为战略主要是这个班子的人提炼出来的，这个班子正，有勇，有谋，仁义，讲信用，他就能够带出一支队伍，这个队伍就能打仗，能够清除战略执行中的障碍。

而对于企业文化的设计，有一种通俗说法，认为企业文化就是"老板文化"，意思是企业老板对企业经营管理的看法和理念决定了企业文化的核心价值理念。"老板"作为企业组织的领导者，在一个企业内部文化的建设和发展过程中，绝对起着航标一样清晰的引领意义。这种巨大的影响力和思想凝聚力尤其在企业创立或处于危机状态下呈现的更为突出，此时组织领导者奋发坚韧的精神是企业最坚强的思想支柱。

二十多年前，华为公司还只是深圳一家小型的贸易公司，跟当时许多不起眼的小企业一样，面临着设备简陋、资金短缺、技术水平低下等艰难困境，可是凭着公司创始人任正非在军营生活中所锤炼的坚忍不拔、顽强奋斗、敢闯敢拼的战斗意志，一步步将华为公司从一个不足二十人的简单通讯器材贸易公司建设成目前中国最大的电讯设备制造供应商。任正非将"狼性"作为企业的核心精神象征，并着力培养灌输，要求企业员工要像狼一样对艰难困苦有坚韧不拔的意志，对市场有狼嗜血一样的敏锐洞察力，在工作中相互之间要像群体出击一般的团队战斗力。由此建立一支具有强大攻击性的、有着"土狼"精神的坚强队伍，在市场竞争中攻城掠地、团队出击，所到之处无不令竞争对手胆寒。虽然华为公司相对于国际通讯设备制造巨头来说，规模还只是处于小型阶段，可是它极具攻击性的发展势头，使世界通讯设备制造业老大美国思科公司视为头号竞争对手。这就是"狼性"精神所带来巨大震撼力，也是前面所述"狼性"管理学习热潮迭起的原因。可以说，华为公司的兴起与壮大，乃至取得辉煌成就，一定程度上是中国"土狼"精神的成功，而正是作为华为公司的创建者和领导者的任正非开创和缔造了这一种精神。一位领导者对组织最为深远的影响力，正是对组织精神持之以恒的坚守维护和传播延续。

伟大的企业是由伟大的企业领导者造就的。伟大的领导者不仅塑造个人的领导权威，更是树立和缔造了一种伟大持久的组织精神，不断指引组织向着正确的方向发展前进。领导者之所以伟大，首先是其道德品格的高尚，因为只有这样的人才能为企业组织造就支持其长远发展的优良精神文化。道德品质向来是一个优秀企业选拔管理人才的第一考核条件。任正非曾在文章中就指出华为公司在选拔企业管理者时，首要的是进取精神与敬业精神，他认为："合格的管理者需要具备强烈的进取精神与敬业精神，没有干劲的人是没有资格进入高层的。这里不仅仅是指个人的进取精神，而且是自己所领导群体的进取与敬业精神。"华为公司衡量优秀的企业管理者有三个标准："一、具有敬业精神，对工作是否认真，改进了，还能改进吗？还能再改进吗？二、具有献身精神，不能斤斤计较。企业的价值评价体系不可能做到绝对公平，献身精神是考核干部的一个很重要因素，一个管理者如果过于斤斤计较，就不能与手下融洽合作，不能将工作做好。没有献身精神的人就不要去做管理。三、具有责任心和使命感，这将决定管理者是否能完全接受企业的文化，担负起企业发展的重担"。可见，华为公司之所以被称为"美国式的中国公司"，不仅仅是因为它在内部管理上全部采用了美国式的管理模式，更重要的是它拥有一个具备进取精神与敬业精神的优秀管理队伍。

第七章

远见卓识

　　"见识"一词，通常指人们对客观事物状态变化趋势与内部联系的见解与认识。领导者肩负统率、率领之责。不仅不能没有见识，而且要比一般人站得高、看得远、想得全、瞧得准，才能使所辖群体立于不败之地。作为一个集体的掌控者，只有控制各种有利与不利条件，审时度势，深谋远虑，才能高屋建瓴，进退自如，所向披靡，无往不胜。领导者的远见卓识，应该是设计未来的蓝图，是谋划全局的方案，是巧妙组合的构思。这一章主要讲的是作为掌控者的领导的眼界和气度。但凡是领导者，身上一定有这两个明显的标签。

01
能做大事　以志激发人

有这样的一个故事：在蜀国首都的城墙外，有一个穷和尚和一个富和尚。一天方丈告诉他们："我已经年老，估计剩下的时间不长了。在你们两人之中，谁能继承我的衣钵呢？"富和尚眼睛立刻亮了起来，志在必得地看了看边上的穷和尚，动了动嘴唇，但终于还是忍住，没有说话。穷和尚则好像浑然不觉，心静如水，淡然地看着方丈。"这样吧，从明天开始，你们开始收徒传法，两年之后，谁的徒弟多，就说明谁能更好的弘扬佛法，那么他就是我的继任者。"由于跟着富和尚不用到处化缘，生活待遇优厚，每天做的只是念经打坐，第二天一开始就有大量的人纷纷投往富和尚的门下，信徒们觉得，既然要修佛，当然要有一个安稳的环境，总为衣食而忧，怎么能静心修佛呢？而穷和尚则一天的大部分时间都不在庙里，做完早课就下山传法化缘，结果，没有一个人想做他的徒弟。

等一个月过了以后，富和尚有些得意，对方丈说："师父，都一个月了，师弟还是一个徒弟都没招到……"老方丈，笑了笑，摇摇头，没有说话。半年后，富和尚兴奋地告诉方丈："师父，师弟总算是招到了一个徒弟，哎……"老方丈仍旧是笑了笑，摇摇头，没有说话。一年后，富和尚急切地跑来禅房："师父，师弟竟然要去南海礼佛，这不是疯了么，从这儿到南海可有千里之遥啊……"

"哦，他是一个人去吗？"老方丈眯着眼睛，淡淡地问道。

"不，不是一个人。他……他带着徒弟呢，但还是没我的徒弟多。"富和尚涨红着脸，说完最后一句话，终于如释重负地喘了口气。

……

第二年，穷和尚回来了，带着几百个徒弟。

"这是为什么呢？"富和尚很懊恼也很困惑。

"因为你所修的是小法，他修的确是大法啊。"老方丈微笑着解释，"修佛之人为的不是生活安逸，而是悟道成佛。想想看，你吸引别人入门的缘由和他影响别人入门的缘由，哪个更能让真正修佛的人心动呢，更愿意追随呢？"

最终，穷和尚成为了新的主持，门徒不断增加，广布天下。

由此可见，人总要有那么一点精神。人事实上都在为一种精神而活着。任何一个企业的老板，如果自己都没有一种值得员工敬佩的精神，很难想象其员工的精神状态。一个企业的老板应成为本企业一架功率最大的发动机，是一个企业的精神支柱，要不断地去鼓舞员工的士气，自己要有强烈的进取心，远大的志向，蓬勃的野心。管理学大师彼得·圣杰认为，领导要善于为下属描绘本组织的愿景，提出一个催人奋进的目标，并指引下属去为之而努力。

卓越的企业家就是这样给自己定位的：一要扮演好设计师的角色，二要扮演好牧师的角色。没有大义和大德，便支撑不起大胆略、大气魄；没有大胆略和大气魄，就成就不了企业家。老板的第一素质是宏图大志、"野心勃勃"。因为企业家的抱负与追求的高度决定这个企业的高度，企业家的境界决定这个企业成长的边界。

一个企业到底能做多大，首先要取决于这个企业的老板的抱负、追求和境界。企业家是企业成长和发展的天花板，企业家的抱负与追求的高度决定这个企业的高度，企业家的境界决定这个企业成长的边界。如果企业家胸无大志，小富即安，自己都不想把企业做大做强，这个企业就一定做不大。除非真碰上了大狗屎运，蒙对了，稀里糊涂发大财，但蒙着打、撞大运只能被宠幸一两次，不可能持续被上帝眷顾。许多中小民营企业家的心态都是："也想把企业做大做强，但是回到家里细细一琢磨，为什么要把企业做大？企业做大了能给我带来什么好处？企业做大后越来越难管理，人越来越累，越来越没有安全感，家庭生活越来越糟，生命品质越来越差。以我目前企业的规模和盈利水平，活得很舒服，一年做个几千万，盈利几百万就心满意足了。"这就是许多中小企业家所面临的要不要把企业做大的困惑，正因如此，有的企业家不是把盈利投入再生产，加大对技术、人才的投入，而是将资金用于做期货、炒股票、炒地产、炒艺术品。

我们可以想象一下，跟在这样一个毫无大志的老板下面，其员工也不是什么好员工。当一个企业的领导者没有或者失去雄心壮志之时，那么他注定不能吸引优秀的员工。只有想做大事，成大业的企业家才能更好的影响他的员工，激发员工的潜能，继而在周边集聚起一堆优秀的人才，为了伟大的志向共同拼搏奋斗，最早实现曾经远大的目标。所以企业的领导者首先要想清楚你要追求什么？人生的价值定位是什么？是想多挣几个钱，还是想做大事业，是仅仅想成为一个富人，还是想成为真正的企业家。

一个企业家的人生价值定位直接决定着这个企业的最终发展方向。很多成功的企业家都面临人生价值定位的问题，我到底追求什么，我的人生终极目标是什么？这一问题思考不清楚要么陷入人生迷惘，不知自己为什么而忙碌，为谁而忙碌，导致创业激情衰减、工作倦怠，要么面临众多诱惑而不知选择，不懂得放弃，企业家最难控制的是欲望，人生目标追求多样反倒失去了方向。

我们看下大连实德的例子：实德集团的前身是实德机械工程公司，是由徐明和他的几个朋友组建成立的。1995年实德初具规模，从此，开始涉足家用电器和汽车生产。到1997年年底，实德机械工程公司完成了大连胜利广场土石方挖掘和星海广场的填海工程，一举完成了资产的原始积累。随后，徐明开始了他王牌产品塑胶的生产，并成功地完成了连续6年的跳跃式发展。因为收购了一支国内甲级球队，成为各大媒体的热门话题。2000年集团的销售达40亿，有2000名员工。徐明是个野心家，他明确表示在实德俱乐部冲进世界30强的同时，实德集团更要成为亚洲第一，世界第一。

有人曾问过柳传志，为什么要一直坚守干企业，他本来有很多机会可以去当官、从政的。柳回答说他知道自己这一辈子要什么，人生价值定位是什么。"我为企业而生，我这一辈子就是干企业的"，有了这个终极目标，就会懂得放弃，就会执着。中关村有两家企业，一家是联想，一家是四通。联想为什么能够持续成功？联想的成功在某种意义上是柳传志的成功，而柳传志的成功是其人生价值观及基于价值观的领导力的成功。柳传志有两点超越了四通的万润南及其继任者，一是"我为企业而生"的准确的人生价值定位，二是"企业利益大于一切"的企业家境界。万润南没有弄明白自己这一辈子要追求什么，没有做到将企业经营作为自己的人生价值追求，最终使企业发展失去方向；万润南的继任者也没有做到企业利益高于一切，个人财富多了，企业却做没了。

有了远大的志向，不仅可以影响你的员工，而且让他们感觉自己也是伟大事业的一员，并为此奋斗，发挥自己的最大潜力，那么企业的力量将会超乎想象。在电脑心脏CPU的领域，英特尔公司享有的声誉是史无前例的，其市场地位更是难以挑战。原因是它在1980年放弃DRAM的生产，专攻CPU以来，几乎80%的市场皆被它所囊括。AMD、新瑞仕、摩托罗拉、国家半导体等公司前赴后继地想要扳倒它，结果都铩羽而归、无功而返。"Intel Inside"的名气则如日中天，光芒四射，王国的地位反而更加巩固。然而，英特尔公司万万没有料到最后敢于向其挑战，并且真正让它如坐针毡、感受到威胁的竟是来自台湾的威盛公司。威盛公司成立的历史并不长，但在总经理陈文琦的率领下。一路过关斩将，目标就是成为全球最大的芯片厂商。陈文琦说："英特尔公司的确很强，也很了不起，但也并非绝对打不倒。威盛公司采取的是擒贼先擒王，射人先射马的策略，只要把英特尔公司拉下来，我们就是第一，我就是这样鼓舞员工。我告诉员工，英特尔公司是十倍速的'偏执狂'，我们则是'剽悍'的战马，所以大家都非常努力！"

一语点评：
用你的野心去影响员工。

02

高瞻远瞩，气量恢弘

　　领导者高瞻远瞩的本质，就是科学预见未来，跨越时光的栅栏，提前采取措施或做好准备。就涉及面而言，他们的预见虽然可以分为战略性与战术性等，但要达到"远见于未萌，避危于无形"这一境界，却都要具备正确的思维方式与指导思想。要善于进行超前思维，要见微知著，对未来的预兆有敏感性和洞察力。在现在与未来的联系中寻找认识未来的途径。当然，未来不是现实，有些确切内容不可能事先都展露得一清二楚，并随时可能受各种意外因素的影响，而领导者处于支配全局的地位，时间与精力也有限。这就决定了他们对未来的预见可以粗线条，重在大局、大势，不一定十分具体、包罗万象。一般地说，预见的范围越大，时间越远，或者不确定因素越多，对具体问题或细节的分析与判断就越不容易精确，误差率也越高。领导者也是人，不可能做到绝对的完美；特别身处高层者，视野所涵盖的范围与内容又大又多，要求他们面面俱到，无所不精，既不可能也不现实。只要能辨出大体方向、目标和通途等，控制未来朝着良好趋势发展，或避开大灾大难就基本上尽到了责任。如一个国家领导人，其预见能力能表现出对整个国家在未来国内外环境中可能面临的政治、经济、科技、军事等挑战，并做出相应决策，为全国人民确定正确的奋斗目标及其实现的途径就非常了不起了，也真正履行了其神圣的历史使命。

　　在实践中，一些领导者高瞻远瞩，其远大的眼光受到人们交口称赞，也主要是他们在重大问题上表现出高超的预见水平。因此领导者看待、处理问题要胸怀大局，顾全大局。领导者只有统观全局，才会把"各色风情"尽收眼底，各种问题历历在目，了了分明，从而有利于周全、冷静地考虑与把握，实现"眼中形势胸中策，缓步徐行静不哗"。否则，就容易混乱和糊涂，很难做到清醒、全面。古今中外，凡是善于从全局看待、处理问题的领导者，大都是这样，减少疏漏，从而把所领导的事业整个推向前进。

中国历史上的汉武帝刘彻，虽然一生放荡不羁，功过掺杂，但雄才大略世所公认。他正确忖度当时国内外形势，从国力出发，毅然放弃"和亲"政策，坚决对反复无常、尾大不掉的匈奴用兵，经过前后40年的坚持努力，从根本上解除了匈奴多年对汉朝的掳掠侵扰。身为领导者，特别是高层领导者，看问题如果片面、孤立，结果很容易顾此失彼，挂一漏万，甚至从一个极端走向另一个极端，不顾一切，孤注一掷，影响其他问题的解决，乃至把整个事业毁于一旦。这无论是在古代还是在现代，无论是高层还是中层，无论在政治军事领域还是在科技经济领域，也无论社会性质是进步的还是反动的，结局往往都是一样的。高瞻远瞩的一个作用和意义是，可以使领导者审时度势，在身处特定的时机与环境时具体问题具体对待，区别异同，不生搬硬套原来的经验或做法，高屋建瓴，势不可挡。诸葛亮治蜀的故事就是这一方面的典型事例。刘备入蜀，诸葛亮实行严刑峻法。法正因而进谏，认为应该学习汉高祖，缓刑弛禁，满足蜀民"思得明君"的期望。诸葛亮却不同意。在他看来，秦始皇残暴不仁，刻薄百姓，政苛刑繁，人人自危，逼得百姓纷纷起来造反；刘邦入关除秦苛法，约法三章，宽禁省刑，深得百姓爱戴。而今天情形不同，法纪废弛，吏治混乱，不严肃法纪就不利于惩恶劝善。事实后来证明诸葛亮的做法是正确的，结果达到"吏不容奸，人怀自厉，道不拾遗，强不侵弱，风化肃然"。

领导者在处理各种问题时，如果不知大势，不借大局，不识时务，就会不顾情况的变化，显得十分死板、僵硬，陷于原有的思路不能自拔，甚至大祸临头还不知醒悟。其实在实践活动中，无论是谁，多少总会遇到一些困难，乃至风险，这是不以人的意志为转移的。如果事先一无所知，一点儿准备也没有，就会感到十分突然、吃惊，轻则一时手忙脚乱，紧张被动；重则措手不及，惊慌失措，全盘皆乱，功败垂成。而如果事先有充分认识与估计，就会形成足够的思想与心理承受力，并做好各种准备，如及时调整行动，暂时忍耐和耐心等待，以至做出让步，以退为进，把损失减低到最小限度。此外，还可以增添克服困难的勇气与信心。"识时务者为俊杰"，剔除投机之意，有其可取之处。一些领导者虽然身处逆境，却不气馁，继而反败为胜。高瞻远瞩从一定层面反映了人类特有的忧患意识。中国的"生于忧患死于安乐"，在孔孟时代就提醒人们要居安思危，奋斗拼搏。日本的"日本国土狭小，没有资源，只有靠技术，靠奋斗，否则就要亡国。"日本政府在上个世纪四十年代提出"民族虚脱危机"，60年代提出"原料市场危机"，70年代提出"资源危机"，80年代提出"贸易危机"，如今还有人炒作"中国威胁"。有的企业家甚至提出，要防止在竞争中被淘汰，必须有"怀抱炸弹"的危机感。而一些发达国家在自己的新闻媒体上不时发出诸如能源危机、生态危机、人口危机、道德危机等呼声，这固然反映了一定的实际情况，但也无不警告国人要具有深刻的危机感，只有努力奋斗才有未来。领导者如果缺乏高瞻远瞩，没有预见能力，凡事不懂得或不愿意先做一些估计、判断，就好比"盲人骑瞎马，夜半临深池"，即便是灾难近在眼前，死到临头也浑然不知。"不预则废"已为必然。事实证明，没有一定的预见，一般都难逃厄运。

世界著名作家雨果说过："世界上最宽阔的东西是海洋，比海洋更宽阔的是天空，比天空更宽阔的是人的胸怀。"古今中外，凡成大事者，皆有博大的胸怀、容人的雅量。唐朝年间，有一个非常大度、精明而又能干的宰相，名叫狄仁杰。此公在登上这一人之下、万人之上的高位时，也曾在尔虞我诈的仕途上，树过不少政敌。但是他的高明之处，就在于他从不计前嫌，在当上宰相之后，也决不利用手中的权力整治别人。所以，他得到越来越多的人支持，工作起来也非常得心应手。而当时的皇帝武则天还是对狄仁杰的威望表示怀疑。有一次，她单独召见他说："狄公，你当刺史时，治理有方，得到老百姓的爱戴。但我还是接到一些人密报，提出在朝廷弹劾你。你想知道诬告过你的这些人吗？"狄仁杰不假思索地回答："臣若有过错，请陛下赐教！至于说臣坏话的人，臣不愿知其姓名。这样，在今后可以相处得好一些。"听了这话，武则天开心地笑了，说："狄公，我现在才知道，你确实有过人之处。众人中间，能有你这样大度的人，少啊！"

胸怀气度，主要指对他人一些相异思想和言行的容忍与接纳，或者说容忍、接纳程度。对于一般人来讲，这是一种做人的美德，一种立身处世的良好品质。而对于领导者来说，则远远超出这一范畴，关系到能否发挥应有作用，成为衡量他们是否成熟的一个基本标准。换个说法来说，容忍或者接纳实际上是个宽容精神问题。什么是宽容呢？社会心理学家这样解释："有权力责备处罚而不责备处罚，有权力报复而不加报复的一种道德心理结构。"宽容是人际关系包容性的体现。在人际关系中，包容水平的高低，直接影响关系的好坏。哲学家斯宾诺莎曾经说过，世界上没有两片完全相同的叶子。领导者所面临的交际对象，在性格、气质、经历、修养等方面都有程度不同的差异，对这些差异怎样去协调？无论工作、学习还是生活，彼此相处中总会出现一些矛盾，对这些矛盾如何处理？聪明的领导者决不会去采取扩大差异、激化矛盾的做法，恰恰相反，他们总是待人以宽容。

气度、度量作为一种对领导实践有重大影响的客观存在，不是抽象、模糊的，而是有着具体内容。首先应该是听得进不同声音，善于采纳各种有益的意见与建议。这是关于领导特质的一个永恒话题，古老而又新鲜。说它古老，是指历史上很早以来就有人不断作出总结，加以赞美；说它新鲜，是指它对于领导者来说永远也不会过时。孟子认为，作为统治者，喜欢听取别人意见，治理天下就会绰绰有余。纳谏、从善的作用和意义，首先在于领导者可以克服缺点，防止错误。客观世界万象纷呈，错综复杂，处于不断变化、发展之中，"智者千虑，必有一失；愚者千虑，必有一得"。领导者不是万能博士，无所不知，不犯错误。虚心纳谏、从善可以弥补领导者自己知识、经验、智力等的不足，提高谋略水平。在领导实践中，领导者在决策时，如果完全依靠自己拟订方案，制定措施，由于客观未知因素的众多与个人能力的有限，有时力不从心。尤其在一些重大复杂问题上，更不一定能保证想出的都是最好方法。而"众人拾柴火焰高"，效果就会好得多。领导者多问、多听别人的意见，常常可以使自己处理问题的能力得到提高，所制定的方法措施变得充实、完善；或者可以进行比较、选择，找出最佳方案，取得满意的效果；避免被某一意见左右，或在"自己这棵树上吊死"，单打一，一摸黑走到底。某些领导者技高一筹，谋属上乘，诀窍就在于此。

领导者虚心听取意见还可以激发灵感，从而创造性地解决问题，开拓新局面。在面临一些难题时，为了寻求新答案，领导者有时百思不得其解，储存了大量信息，思维达到白热化状态。随着思考的深入，也许他人的某句话就可能轻易起到激发或启迪作用，使思维的链条迅速贯通，产生有益联想，使思想出现突破性飞跃，想出有创见而又可行的好办法。善于虚心听取各种意见、建议，也是领导者调动下属积极性，造就知无不言、言无不尽的生动活泼民主局面的一个重要办法。正常人都有一定知识、经验与能力，并且大多想有机会表现出来。提建议、提批评就是其中一个突出表现。领导者如果漠然处之，视而不见，听而不闻，就既浪费人才资源，又伤其自尊心，打击他们的积极性。结果，对他们本人来讲，轻则产生依赖性、被动性，重则离心离德；对其他人来讲，则产生连锁反应，受到不良的影响与刺激，萌发灰心丧气之态。尤其是有见解、较能干者，对自己的期望值比较高，这种表现欲更强烈，更希望自己的意见或建议被领导重视或采纳；如果领导者也视若无睹，充耳不闻，就会使他们难以接受，认为自己英雄无用武之地，更易失望、沮丧，失去工作的热情和主动性。在实际生活中，许多人的工作热情与积极性有时就是受领导者的这种情况影响的。事实证明，哪个领导者能做到，做得好，他所在的地方就会如同龙腾虎跃，热气腾腾，充满生机与活力；反之则常常万马齐喑，死气沉沉，有如死水一潭。虚心纳谏、从善如流对于领导绩效的极其重要性，决定了一切想有所作为的领导者都必须严肃认真地对待，努力加以实行。对于顺耳的话要听，逆耳之言也要听。

孔子有一句名言："君子和而不同，小人同而不和。"所谓"不同"，就是上下不要"一色"，清一色反而不好看，也不管用。领导者不要搞一言堂、一刀切、一锅煮，不要不准有不同意见、不同风格、不同流派存在；否则，就如同单调的颜色易使人厌倦，单调的味道易使人反胃一样，致使整体落败。

俗话说的好，成绩不说跑步了，错误不说不得了。顺耳之言，好听之语，拥护的话，声声入耳，谁都喜欢听；而逆耳之言，难听之语，反对的话，就不是谁都乐意听了。从心理学上讲，这是因为人大多有一种"趋同心理效应"，即所谓"同心之言，其嗅如兰"，特别容易听得进去。譬如，自己一心一意想往东走，别人如果说这样做很正确，就会很自然感到高兴；而如果有人强烈反对，那就很容易产生相斥心理。这种"趋同心理效应"也可以看做是人的一种"心理惰性"，即符合自己感情思维的话往往听了觉得愉快与高兴，对反逆自己思想意愿的话则感到不快或恼怒。所谓"话不投机半句多"就是指这种现象。再加上人都有自尊心，总希望别人说自己好，总认为这样才被人看得起、尊重，因而更喜欢听顺心顺耳的话，而厌恶不顺心不顺耳之言。

实际上，逆耳之言不符合人的心理状态。但是作为领导者，要听逆耳之言时，头脑要冷静，要有克制力，广听各种意见，尤其是逆耳之言，可以使领导者"亲贤人而远小人"。领导者喜欢听什么样的话，实际上还等于鲜明地显示他喜欢、重用的是何等人士，清楚地表明他自己是一个什么样的人物，从而形成一个什么样的核心体。如果领导者闻过则喜，不仅喜欢报喜，也不怕报忧，就会像磁石一般吸引贤能之士、正直之士，使他们奔走而趋之，主动献计献策，帮助领导者寻找和改正错误，无所不言，从而形成一个贤能的群体。如果闻过则怒，只喜欢插花，不喜欢栽刺，俊贤就会避而远之，辞而别之；溜须拍马之徒，奉承谄谀之辈则如蝇逐臭，乘虚而入，蜂拥而至，纷纷靠拢，听到的也尽是一些颂扬之言，恭维之语，也就逐渐被群小所包围。特别是已发生严重失误时，还只许评功摆好，粉饰太平，不许面对现实，救弊匡正，结果就会使自己在错误的道路上越走越远。

虚心听取各种意见，主要目的是为了弥补自己智力的不足，提高自己的能力，而不是其他，至于对方的方式、态度如何，则是个次要问题。在听取的过程中，目的的实现应该比什么都重要。如果忘记这一点，斤斤计较对方的方式与态度等问题，显然就舍本求末，颠倒主次，偏离了纳谏的大方向。况且，言者又往往有自己的习惯、作风，如有的说话不太注意场合，有的语言尖刻，有的喜欢直来直去等；如果一一计较，也很容易堵塞言路，因小失大。俗话说，"容瑕索瑜"。要索瑜首先是容瑕，不容有瑕就一般索不到瑜。不要过分计较谏言的内容、形式，因人废言，一切都是为了进步，为了使得自己的组织更有发展而广开言路，不计较是谁提出的意见或者建议，也许他是反对过自己的人，做过错事的人，就因此对他们的话抱偏见，认为"人错言臭"，甚至以为"狗嘴里吐不出象牙"，拒听他的一切意见，这就走向以点代面、以偏概全的歧途。世界上没有什么人总是正确，也没有什么人总是错误。正确和不正确都是相对于一定时间、地点、事件等前提而言的。那些有过错误言行，或反对过自己、哪怕实践证明反对错了的人，其错误也只是就某个问题、某个时候而言，而不等于他们从来或再也不会有正确言行。

此外，还由于现实生活中没有从无错误与缺点的人，会从根本上堵塞谏劝的渠道。人的思想、知识、才干、智慧不受身份、地位决定，这已是社会生活中的常识。就领导者而言，如果由于身居高位，统辖众人，容易自以为聪明，看不起地位与身份比自己低的人，忽视他们的意见与建议，是一种很幼稚、浅俗的做法，只会变成井底之蛙，目光狭隘、局限，最终落入失败的境地。

端正纳谏、从善的态度，另一个要求是领导者在平时和危急时都应该一样虚心和诚恳。领导者智力、能力的非完善性，是一个经常存在的问题，不是偶然的，不是只出现在危急时。经常广听不同意见，采纳其中有益内容，是领导者获取"日常营养"，保持生机与活力的长久之计。领导者要善于正确对待别人的议论和不满。我们都知道，矛盾总是无时无处不在，即使一个领导工作再有成效，也总会有人感到不满意的。所以，国外管理工作规则上有这么一句话：如果你想有所作为，你就要承受谴责。要是不相信这句话，他就不会成为一个真正的领导者。领导的职务越高，处理的事情越多越复杂，接触的人越多越广泛，别人对他的议论和不满也会越多越具体，因此越是要有宽宏大量的胸怀。"小不忍，则乱大谋"。这是每个领导者必须要经常考虑的。领导者可以从别人的议论和不满、责难和批评得到更多的信息，知道自己的不足而加以改正。所谓"部下不开口，神仙难下手。"因此，部下的批评、责难、议论和不满是一件好事。周恩来曾指出，要做领导者，必须团结他所不喜欢或不愿意接近的同志，然后抓紧他们，称赞其得体方面，批评极坏的方面，然后再改造他们，同时也就改造了领导者自己。这对领导者来说是非常重要的。

领导者要正确对待别人的议论和不满，一方面要有对议论和不满的承受力，另一方面要有实事求是的态度，善于分析处理，文过知非，及时改进自己的工作方法和工作作风。让人提意见，发牢骚的目的，就是为了改进工作。这就要求领导者具有知错就改的勇气，表现出诚意。听各种声音，纳各种高见，是一种实践行为。因此，到底听了没有，纳了多少，必须接受实践的检验。听了正确批评，是否能够坚决改正，马上改正，就是一个很重要的衡量标准。缺点或错误被指出后，能够虚心纠正，说明已真正从善，尊重客观，勇于负责；也就可以重新取信于人，进一步鼓励群众提建议、做批评的热情，继续团结他们前进。毕竟"亡羊补牢，犹未晚也"，这样做能够及时停止失误，减少损失，回到正确的做法上来。相反，如果爱面子，讲虚荣，总认为自己什么都对，什么时候都对，言过饰非，坚决不改，依然如故，明知故犯；尽管也很虚心听取各种意见，则只能说明这样做是虚伪的，是装腔作势，玩形式主义，谁还会有兴趣继续提意见、提建议呢？其缺点和错误也就势必越来越严重，在错误的道路上越滑越远，因小失大，越爱面子越没面子。但是，及时思过，实行宽政，就可以免除这些不必要的危险。领导不仅要乐于"听话"。还有最重要的一点是要创造让人说话，让人提意见，发牢骚的宽松环境。善于正确对待别人的议论和不满，善于引导别人大胆说出对自己的看法和意见，对有意见和不满的同志不打击报复，这是宽容精神的一个原则要求，也是领导者具有宽容精神的集中体现。

上面提到了虚心听取各种意见，主要目的是为了弥补自己智力的不足，提高自己的能力，在听取的过程中，目的的实现应该比什么都重要，一切都是为了进步，为了使得自己所在的组织更有发展而广开言路。听话之后就是要去实践，绝对不是为了听而听，只听而已，那听了也没什么用处；从善也并非听了就从，那只会被各种意见弄得茫然无措，不知何去何从，左右摇摆。听取他人的意见要有领导自己的评判标准，说白了，就是自己的主见，有主心骨，懂得如何取舍，懂得广听意见的目的是什么，何是何非，何正何误，能够辨别哪些仅供参考，哪些可以采纳，哪些应该摒弃。这样才能从中真正获益，做到"善也吾从，不善吾避"。不知其可，听得再多也是白费功夫；而听了就从，毫无主意，那还不如不听。

我们可以把领导者纳谏、从善，比作石匠、木匠制造石器与家具，他人的意见只是自己达到一定目的的原材料。哪些有用，哪些没有用，有用的怎么用，用在哪里，应该懂得辨别，有所选择，有自己的取舍标准。如果看到就用或者不知怎么用，就造不出什么好石器、好家具，就不是好匠人。这样的领导者也不是合格的领导者，轻则贻笑天下，重则身败名裂。人们往往以为，有的领导者贤明，是由于身边有高明的"军师"。其实，归根到底还是他本人既不自以为是又不自以为非。如果自以为是，他就不可能获得任何忠告；若自以为非，则不知何为忠言，怎么采纳忠言。知道真理和坚持真理并不是一回事。至于实践中如何把这矛盾的两个方面正确、有机地统一起来，恰到好处，则需要领导者发挥创造性，因事而异，八仙过海，各显神通。

从事领导活动，身处人际漩涡，艰难困苦的波折，毁誉是非的困扰，荣辱浮沉的起伏，喜怒悲愤的刺激，都在所难免。重要的是以大局为重，以团结为重，以事业为重，任何时候都要保持良好的心态，"大肚能容天下难容之事，笑口常笑世间可笑之人"。领导者必须能屈能伸，以屈求伸，善于克制情绪，谨防感情冲动，忍他人所不能忍，才能为他人所不能为。一个人要成就一番事业很难。领导者要率领一个群体干一番事业更难。领导除了要克服工作中可能出现的各种艰难、困苦、险阻、挫折、失败以外，还由于经常置身人们带情绪色彩的各种活动之中，需要时时平息或超脱人际关系中一些消极因素的影响与刺痛。"世事洞明皆学问，人情练达即文章。"担负领导职责，尤其是处理好本群体内的人际关系，很重要的一点，就是要求要"管住"自己，能容忍，有耐性，沉得住气，稳得住心，在各种活动中善于控制和调节自己的情绪，用理智来约束和支配自己的言行，不能因为一点小事就情绪激动，不能自已。遇到不公平的批评责备，尽管委屈也不能不顾一切反击；遇到挫折与不幸，尽管悲忧也不灰心消沉；遇到意外打击，尽管痛苦也不狂乱气馁；遇到难堪困辱，尽管气愤也不冲动；遇到赞扬与名利，尽管高兴也不得意忘形，这样才堪当领导重任。这是作为领导的高标准、严要求。"忍"的确很难受，似乎窝囊、似乎软弱、似乎无能为力，但是"天将降大任于斯人也，必先苦其心志。""小能忍，则成大谋。"

作为领导者，忍耐的必要性与作用，体现在可以保证领导者识大体，顾大局，保整体，成大事。领导职责的履行，任务的完成，仅从所属集体的内部看，有其特定的方向、内容、性质、过程与要求等，比如时间与精力的相对集中，人力与物力的相对充裕，人心的基本舒畅等。而人是社会关系的总和，人际关系中的疙瘩、摩擦、矛盾经常出现产生，没完没了，不知多少。领导者身处人际关系中心，随时都有可能受到来自上下、左右、内外各方的误会、埋怨、责怪；如果在一些鸡毛蒜皮的小事上纠缠，处处不让人，感情用事，动辄大发脾气，撕破脸皮，其主要职责与任务的实现就会受到牵制与干扰，轻则打折扣，重则因小失大，导致事业的失败。坐在领导者的位置上，应该有一定的容忍性；一心要当领导，就不能没有博大胸怀。在想发脾气的时候不发脾气，喜怒哀乐要服从事业的需要，这是领导者应有的一种特殊职业素养。

其次，善于忍耐，不斤斤计较，可以保证领导者更好地尊重与利用客观规律，发挥主观能动性。客观事物的存在与变化往往不以人的意志为转移，并且限制或规定人的行为，包括领导者自身的进退。当客观条件具备时，领导者有多大的能力，都可以放开手脚施展，这时自然不存在什么忍耐问题。而当客观条件不具备时，谋事在人，成事在天，有时纵有天大本事也无济于事。所以，这时应该沉得住气，耐得住性子，耐心等待，酌情而行，直到有利条件的出现。如果明知不可而按捺不住，就会盲干，势必凶多吉少。这也是对领导者是否真正成熟的一个考验。许多谋略家所推崇的韬光养晦就集中反映了这一客观要求。

韬的本意是指弓箭的套子；晦是晦迹，隐藏踪迹。韬晦即收敛锋芒，隐藏踪迹，把展现才华的欲望暂时收藏起来，等待时机的来临。在成功的条件没有具备时要忍住性子等待，是弱者或人处于弱势时需要的智慧、策略及防御性的自全之术。藏器待时、以退为进等做法也都是韬晦的具体表现，都要求时机未到勿轻举妄动。客观世界十分复杂，很少有哪个领导者在实践中从来都一帆风顺，五劳七伤、三灾六难在所难免。在西方当政客，很重要的一点就是脸皮要厚，特别在公开场合被人责问辱骂，甚至扔东西，也要忍得住，或一笑置之，一抹了之。若承受不了，就不能也不配当政客，就没有资格当官。政客们在竞选中必须经过被揭个底朝天的炼狱，有"经骂"的基本功。因为西方民主社会是建立在公众有权"骂"为官者必须经"骂"的基础上，"经骂"是制度对个人修养的要求，即使恨得牙根痒痒，也得挺住。

善于忍耐，不计较小事，再次是可以使领导者减少或免除来自某些方面的中伤与攻击，减轻受到平均主义、嫉妒等不良习气的伤害，缓和人际矛盾。古人云："水至清则无鱼，人至察则无徒。"在小事小非面前，如果总是事事必究，不能宽恕和容忍，甚至风霜利箭，严酷相待，即使出发点再好，也难以被受批评者接受，很容易导致情绪对立，结果适得其反。在这种情况下，如果能宽容待之，给他以知错改错的机会，则往往会取得意想不到的效果。因此，不过分计较小事不仅是工作方法问题，也是领导者处理人际关系，善于宽容别人，体现自己宽广胸怀的要求。小事多属非原则性的，如果过分计较小事就会贻误大事；主次不分的领导者，使人不愿与其接近；小事多属非主流性的，如果过分计较小事，就会使对方无所适从，感到不好相处，从而敬而远之。

所以，有宽广胸怀的领导者，总是"大智若愚"，不在无伤大局的小事上斤斤计较。领导者在与人相处时，如果锋芒过于显露，过早、过快、过分触及某些人的消极观念，难免会迅速引起不满与反对，甚至轩然大波。"木秀于林，风必摧之；堆出于岸，流必湍之；行高于人，众必非之。"领导者的言行假如从不遮拦与隐忍，势必容易影响与妨碍所要实现的目的，正如康德所形容："生气是用别人的缺点惩罚自己。"而怎么减少或避免被这些问题所纠缠与阻滞呢？最好的办法之一就是在感情与精神上做出忍让，对自己的才华、锋芒加以适当掩饰，适当缓解那些好妒者、好事者、好计较者的变态心理。不至于一下子失去平衡，起码可以避免过早、过强地激化矛盾，从而为自己更好施展抱负创造更好的气氛与条件。

"让三分风清云淡，退一步海阔天空。"西汉名臣张良年轻时为了结交能人，结拜名师，漫游全国。有一次在下邳的一座桥上碰到一个身穿粗布短衣的老头，竟命令式地叫他到桥下帮自己拾鞋子。张良忍住气，帮他捡上来又帮他穿上。之后的两次相约又都让张良扑空，但张良始终没有动怒。仅凭这一点，这老头就认定"孺子可教"，把自己平生所学的《太公兵法》传授给他，使他终于功成名就，成为王者的军师。领导者身处复杂的人际环境之中，只有经得起误解、委屈、压制、打击，能屈能伸，任何事情都拿得起，放得下，才能不辱使命，不负所托。当领导，要成就大事，该低头时就低头，该忍痛时就忍痛，这不是怯懦，而是智勇。一个高明的领导者，在复杂危险、甚至杀机重重的环境中，在遇到与自己主要利益和主要意图关系不大的问题时，都应沉得住气，深掩城府，表现出极大的自控能力，能够忍辱负重，委曲求全，适应客观，乃至不惜牺牲自己的名誉，去谋求发展与成功的机会，终将成就大业。反之"小不忍，致大灾"。若什么事情、什么问题都不能忍耐，意气用事，心胸狭窄，则是其领导特质的一大缺陷，是领导活动中的一大忌讳，有时简直就是致命的弱点。无数事实表明，有些领导者尽管水平很高，能力很强，但由于在一些有刺激性的问题上沉不住气，以宣泄感情为快，感情用事，结果就引起了很大的麻烦，造成巨大的损失。

不计较小事，是领导者胸怀气度的直接反映。所谓"额上能跑马，肚里能撑船"。除此以外，领导者必须去信任人、理解人。无论从工作出发，从团结同志出发，还是从自己的胸怀气度修养出发，这样做都是必要的。因为信任、理解是点燃自尊心的火种，它可以给人以力量和希望，这是经过很多心理学家、社会学家等多次证实的心理规律。而在管理领域，无论哪个层次的领导者，只有具有信任人的情感后，才能同上下左右的人保持良好的关系，才能正确对待不可避免的议论和不满，才能有自觉的宽容意识。如果你不信任何人，肯定会把别人的善意批评和指责当做是对自己的"侵犯"和"威胁"，而去"据理力争"。这样不仅体现不出你的宽容精神，同时由于你不信任别人，也就得不到别人的信任，从而成为孤家寡人。

信任人十分重要，它是宽容人的前提，也是取信于人的前提。只有从信任的角度出发，领导者才能真正做到以宽广的胸怀去接受别人的议论和不满，才能真正做到以宽容的精神去对待别人。古语云："不患人之不知己，患不知人也"。这话道出了理解人的重要。性格再好的人也有急躁的时候，能力再强的人也有失误的时候，关系再好的朋友之间也有磕磕碰碰的时候。作为一个领导者，如果希望自己的缺点和错误得到别人的理解，那么首先就要学会去理解别人。理解人建立在信任人的基础之上，只有信任人，才会去理解人。理解人是宽容人的基础，只有充分理解别人，才能去宽容别人的议论、不满和错误。理解是思想方法科学的体现，理解人的领导者总是历史地、全面地、发展地、辩证地对人对事；理解是思想意识端正的体现，理解人的领导者，总能够设身处地为他人着想，体谅对方的难处，不勉为其难而为之；理解是心地善良的体现，理解人的领导者总是成人之美，"己所不欲，勿施于人"。领导者要能够理解人，善于站在别人角度去思考和对待别人的议论和不满。一个人在工作、生活诸方面不顺心时，对自己的领导发发牢骚，是再正常不过的了，换了你也会这样。因此，如果我们每个领导者都能够去充分理解别人，也就能宽容别人对自己的一切议论、不满和错误。

领导者如何忍耐、宽容，说白了就是学会调控自己的情绪，驾驭自己的感情。也就是说要有自制力，即凭借理智来支配和控制自己的心理活动。在古希腊文里，自制力所指的是"谨慎、均衡而智慧的生活态度"。罗马与早期的基督教会称之为节制，意即避免任何过度的情绪反应。喜怒哀乐，人皆有之。领导者也是人，在生活工作中也同样有七情六欲。但是，情感有惯性，如果任其发展，不加节制，就可能带来不良后果，甚至灾难。比如愤怒，适当流露，不必多加指责；但如果随意爆发，没有节制，怒不可遏常始于愚蠢，终于懊悔，给自身和他人带来伤害。听任情绪的任意驰骋，对于一般人是危险的，更何况领导者。一个人征服自己感情的能力是衡量他内在力量的尺度。领导者与其他人在情绪、感情问题上的区别，不在于有无、强弱，而在于节制力如何。领导者有个性，有脾气，有激情，是正常的；若没有，其感情将是一片荒漠，失去生命的涵蕴；关键是要有分寸，懂得限制，抵挡得住喜怒哀乐的冲击；避免小善大喜，小恶大怒，喜怒无常之类极端。

我们都知道美国西点军校有一个久远著名的传统，那就是新生遇到学长或军官问话，只能有四种回答："报告长官，是"；"报告长官，不是"；"报告长官，没有任何借口"或者"报告长官，不知道"。除此之外不能多说一个字。比如学长问："你认为你的皮鞋这样就算擦亮了吗？"你绝对不能辩解，说什么"刚才有人不小心踩了我"之类，因为不符合四个"标准答案"；

只能回答："报告长官，不是。"学长要问为什么，也只能最后答："报告长官，没有任何借口。"学校之所以这样规定，就是要让学生忍受不公平，学会恪守职责，明白表现不达到十全十美是"没有任何借口"的。西点军校不仅培养军界领导，还培养商界精英，这四个"标准答案"让许多毕业生受益终生。实践证明，领导者的这种自制力越强，往往成就越大，越易达到顶定目标。

自制力也包括对自身欲望的驾驭、掌控、调节。人都需要一定的物质才能生存，都有一定的生理需求。孟子云："口之于味也，目之于色也，声之于耳也，鼻之于臭也，四肢之于安佚也，性也。"领导者不是不食人间烟火的神仙，也要不断提高生活条件，使日子过得舒适一些，只要来路正当，适可而止，应该说没有什么好指责，属于人之常情。但如果放浪形骸，随心所欲，纵情声色，贪得无厌，永无止境，甚至不惜侵害他人利益，不顾下属死活，那就危险了，势必妨碍其理想、目标的实现。特别是手握大权、牟取私利易如反掌，如囊中取物之时，如果顶不住金钱财宝、灯红酒绿的诱惑，无节制地追求欲望、利益，危害就更大。现今社会，物欲横流，多少高官、领导因为贪图一时享乐、刺激。把手伸向不属于自己的地方，以嗜欲害己身，以家财害子孙，最终酿成悲剧。这并不是说领导者要做禁欲的苦行僧，但是谁不能主宰自己，就永远是个奴隶。无数经验教训证明，领导者对自己的各种生理欲望没有自制力，纵欲而行，不仅不会有成就，甚至还会落个可怕下场。

古罗马帝国首脑尼禄，在生活上极度放荡、贪婪、浪费，在公开场合扮演歌手、优伶、琴师，严重损害了自己在统治阶层和人民心中的威望，最后被贬黜并自杀。中国唐代的敬宗皇帝李湛，生活上荒淫无度，经常把社会上的无赖、恶少召进宫中踢球、摔跤取乐，尤其喜欢夜里亲手抓狐狸，称之为"打夜狐"。几个心怀叵测的太监便利用一次"打夜狐"归来喝酒时把他杀死，另立他主。忍字当头，说穿了，就是在肉体与精神上承受一定的痛苦或牺牲，以便实现更大的目标与意图。有所弃才有所取，有所忍才能有所不忍。从实际情况看，所要实现的计划越宏大，或者条件越艰巨，要付出的代价往往越高，要求领导者承受的委屈也常常越大。正如孟子总结历史上著名为政者艰难磨炼历程时指出的那样："故天将降大任于是人也，必先苦其心志，劳其筋骨，饿其体肤，空乏其身，行拂乱其所为，所以动心忍性，曾益其所不能。"

我们谈到忍耐作为领导素质的一个部分，并把它加以肯定和提倡，那么在社会发展中起码不应该是一种消极因素。如果把它等同于虚伪、圆滑、阴险、狡诈或极端的市侩，就会给所在群体、社会带来危害，那么我们也就没有必要要求领导者学会并拥有它。要认识到忍耐的真谛，正视它的内涵，动机正当，用心良苦。把握好它与圆滑、虚伪、阴险的界限，避免变成两面派、阴谋家。历史上的奸臣，他们虽然无一不大奸大恶，但几乎无一不善于打扮伪装，欺世盗名，极似大忠大孝。论忍耐本领，他们可谓炉火纯青，但谁若真的步其后尘，那就注定要成为历史罪人。以宋代而论，蔡京、秦桧之流，哪一个不是满口"之乎者也"，"齐家治国平天下"的所谓"圣人"？他们都在挂着羊头卖狗肉，表演障眼法，何足效仿。

03
博学多识，通情达理

一位名人曾这样说过，一个成功的领导者，必须以渊博的知识为源泉，以合理的知识结构为基础。很难想象，一个知识贫乏的人能够当好领导。一般来说，知识越渊博，思想就越开阔，机遇就越多，创造的成功率也就越高。纵观古往今来领导者们的成才之路，虽然提高领导能力的途径与方法各有千秋，但其发展轴线却是基本相同的，即以知识为本，孜孜不倦地学习探求；着力于提高自己的思维素质，在多思、善想、敢思上下功夫；重视对思维方法的研究和把握；将自己丰富的想象力建立于客观条件的基础上；注重学术研究，不断提高把握知识和运用知识的再生能力。因而，人们又把领导能力看做是由渊博的知识、良好的思维、娴熟的韬略技巧、活跃的学术思想和丰富的想象力等诸要素综合而成的一种整体能力。

现代社会经济的飞速发展变化要求领导者具有广博和综合的知识结构，还要有一定的科学素养。它应该通晓马克思主义基本理论，熟悉现代科学的基本知识，精通有关的方针政策及管理业务，并有扎实的专业基础。同时，为了应付这种变化莫测、错综复杂的局面，领导者应该而且能够做到高瞻远瞩、深谋远虑。博学多识，足智多谋乃是现代决策者的基本素质。所谓博学，并不是要求决策者精通所有的科学知识，那是不可能的，而是要求作为领导者的人有科学思维的基本训练及广博的科学知识。否则，就成了井底之蛙，缺乏远见卓识。

　　知识是智慧的海洋，是谋略的土壤，是领导者生成奇谋良策的基础工程。拿破仑曾经说过："一只猫统帅的一群狮子比一只狮子统帅的一群猫更为糟糕。"可见将帅的作用之大。领导者的谋略水平，对事业的成败具有关键意义。领导者施展的奇谋妙计，能化劣为优，以弱胜强，转危为安，乃至达到不战而胜的效果。历史上导演过一幕幕令人叫绝的奇谋妙计的高明的谋略之士，如诸葛亮、刘伯温等人，他们的个人素质是十分高的。对一名谋略者来说，要求是较高的，素质是多方面的，既要求知识丰富、学识渊博，分析问题与解决问题的能力较强，能见微知著、预测事物发展方向，有组织才能，还要有过人的胆量与勇气，有坚定果敢的品质，有创造精神。任何谋略，无一不是丰富的自然科学知识和社会科学知识在政治斗争、军事斗争、生产斗争及各种社会实践活动中的综合运用和体现。

　　从历史上成功的计谋方略可以看出，奇谋良策的生成，无不源于丰富的知识。知识转化为智慧，由智慧生成谋略。从这个意义上说，谋略正是以知识为"诱发剂"，通过人的丰富的联想，抓住了知识与实践之间的本质联系，诱发而产生奇谋良策。古今中外的谋略家们无不以知识之渊博精深为要，建立起自己的知识结构。例如世人奉为"兵学圣典"的《孙子兵法》，涉及了社会生活的方方面面，政治、经济、军事、外交、天文、地理、历算、人情、鸟兽、兵器、装具、阵法应变，足见著者孙武的学识渊博。而据不完全统计，马克思为了写《资本论》，曾研究过1500多种书籍和文献。动笔之前，系统整理了23本1492页的手稿。仅仅为写前两章，他就积累了200多页关于印刷业的资料。在写作关于英国工厂法的二十多页文章时，他曾把整个图书馆里载有英国与苏格兰调查委员会和工厂视察员报告的蓝皮书都研究过。他还研究过数学、物理、化学、解剖学等各种自然科学知识，精通多种外语。丰富而扎实的资料，给《资本论》这部巨著打下了能屹立于世界之林的牢靠基础。正因为他掌握了人类知识宝库的钥匙，才使他敏锐地洞察到资本主义必然灭亡，共产主义必然胜利的历史规律。

事实上，作为领导，应当有与之相对应的知识结构；干哪一行领导，应当有与哪一行相对应的知识结构。一般说来，军事领导不同于地方领导，党的领导不同于行政领导，行政领导不同于企业领导，上级领导应优于下级领导，这是事物客观规律的必须。在各种不同的知识结构中，谋略型知识结构与其他类型知识结构相比，其最大的不同主要体现在主体知识的具体内容和对相邻知识与边缘知识的广博精深程度上。谋略型知识结构的主体知识要求更加精深全面，相邻与边缘知识要求更加渊博丰富。事实上，领导者所必备的谋略型知识结构，并非一个固定的模式，更不是一成不变的框架，而是多层次发展的，呈现动态性、多样性、整体性的结构体，每个人都是根据工作的实际需要，有目的的建立自己的知识结构的。要求他们博学，也并不是让他们达到无所不知、无所不晓的境界，而且也根本无法达到，而是指要根据整体性原则，选取工作中最为有用的知识首先去学习掌握，以求建立起一个虽不最优但却相应最适用的知识结构。尔后，再将思维触角向其他知识领域扩展，逐步博大精深，向最优过渡。为此，谋略家在建立自己的知识结构时，应采取科学的、灵活的方法，一要结合目标及特定的知识领域，去判定对你有价值的知识，加以积累；二要根据需求，决定自己该精通什么，该粗通什么，该泛知什么。哪些知识需要补充，哪些知识需要更新，哪些知识需要集中力量用攻坚战的方法加以掌握，哪些知识需要灵活机动，即兴摄取。然后有机组合，为其所用。

渊博的知识不是天生的，而是通过刻苦学习积累而来的。高尔基说："天才出于勤奋。"只有勤奋地学习，才能掌握更多的知识，在谋略运筹中游刃有余。有智慧谋略的人倍受人们的尊重，然而这被尊重都是来之不易的，它是无数个不眠之夜的刻苦学习、潜心修练的结果。就像歌德所言的那样："人不光是靠他生来就拥有的一切，而是靠他从学习中所得的一切来造就自己。""最伟大的天才、最著名的大师，他对自己总是提出无尽的要求，为培养自己付出不断的辛劳。"躺在沙发里磕瓜子、轻松混日子的人，是绝不能得到别人的敬重的。没有艰苦的学习，人类不会发展到今天；没有勤奋学习，世界上恐怕没有伟人和智者。举世闻名，被我国人民尊为智慧化身的诸葛亮，幼年失去父母，17岁时避乱隐居隆中（今湖北襄阳西），他结草为庐，耕种田地，自食其力，生活十分清苦。在10年隐居生活中，他胸怀大志，刻苦研究学问，从社会历史到诸子百家，从历代兵法到文学名著，都认真学习。他的博学多识为日后出山打下了坚实的基础。他以惊人的韬略帮助刘备建立大业，与势力远大于蜀的魏、吴抗衡，形成三分天下的格局，并且著有《将苑》等著作，在《隋书·经籍志》《中兴书目》《诸葛亮集》等古籍中都有记载，传留后世。

学习，是人类发展和进步的基础；学习，是每一个人通向成功之路的钥匙；学习，也是获得思想智慧必不可少的条件。在现代社会里，人们的学习是人类发展的必要动力条件。学习已成为人生的伴侣，成为提高人们生活境界和生命质量的催化剂。凡是善于学习、自觉学习的人往往能获得较大的成就，凡是不愿学习，或不善于学习的人则往往平庸。如今，学习能力已成为衡量现代人的标志之一。学习已不是学生头上的花环，学者们的专利，学习已成为当代每一个人求生存求发展的必由之路。所谓学习是人在社会生活中获取个体经验的过程，是一个接受知识、增长学识、提高能力的智力活动过程。在传统的观念中，接受知识是学习的本质，现代人们已认识到：接受知识仅仅是学习的最低层次，学习不仅仅是为了接受知识，更重要的是为了增长学识，提高能力。人不能只充当"书橱"，只充当知识的载体，而应该是加工知识、生产知识、创造知识的工作母机，是提供知识的主体。学识和能力都是知识的内化。

培根说："知识就是力量"，但知识本身并不能成为力量，只有知识的实际运用，知识内化为主体素质，内化为主体的学识和能力，才能显示出无穷的力量。刚才说过，"知识就是力量"。深谋远虑的本事，主要来源于广博的知识。在信息与知识都以指数形式急速发展的今天，人们意识到，知识只有转化为智慧才有价值，智慧比知识更重要，"智慧就是财富"。然而，当我们进一步研究时就可发现，智与谋仍有一定距离。超人的智慧只有转化为实用的谋略才有意义。识、智、谋的相互关系，人们早已用生动的语言表述得明明白白，"识多才能智广"，"足智方能多谋"。学识上孤陋寡闻，智力上平平庸庸，是不能想出什么奇谋异策的。那么作为领导者，要具备怎样的知识储备才能对得起肩上的责任和众人的期望呢？

首先，要具备坚实的文化基础和渊博的知识面。这个前面已经提了很多次了，但是还是要强调，因为打好坚实的文化知识的地基，才能盖高楼大厦。以扎实的知识为起点，进一步学习与本行实际工作相关的科学文化知识、专业知识和现代管理知识，具有不断更新知识的能力。只有知识渊博，才能使领导者不断提高领导水平。领导者对于一般社会科学、自然科学各方面的知识，都应有所了解，知识面要比较广。主要因为领导工作任务的综合性、复杂性，要求掌握的知识也应该是多样性。

其次是要精通管理科学知识。管理科学主要包括经济管理、行政管理、科学管理、管理心理学、领导科学、社会学、人才学、思想政治工作概论等等多方面的内容。管理科学是现代领导者的必修课，是一个行政领导者的工作性质所要求的。领导工作，特别是行政领导工作，主要是管理工作。行政领导工作的特点，不但具有综合性，而且有繁重的组织管理任务。这样的工作性质在客观上就要求各级行政领导者必须懂得管理科学，成为行政管理和政治思想管理的行家里手。

再次要懂本行。所谓懂本行，就是要对本行业主体专业知识有一定程度的了解，否则就无法开展工作。无论是哪一方面的领导者，都要对他工作范围的主体专业知识熟悉。不懂本行的领导者，当领导就会造成瞎指挥；做思想政治工作的，就摸不清群众的真实思想，找不出问题的症结所在，拿不出解决问题的办法。一个领导者如果对本专业或相近专业知识一无所知，就当不了一个称职的领导者。当然，在一个领导班子中，由于分工不同，对本行主体专业的熟悉程度可以有所不同。但每个人对本身分管的业务工作应该精通，使自己逐步成为本职工作的内行，能把握本部门业务工作发展变化的规律。'

最后要积极跟踪学习新兴科学知识。随着社会的不断发展和社会主义市场经济体制的逐步建立，社会科学领域会不断产生新的研究学科和领域，自然科学领域就更不用说了。科技的进步使人类社会的物质文明日新月异，新技术、新成果层出不穷。对于这些，作为领导者，当然不能苛求一一精通，但应该随时了解新生的东西，理论的和技术的、物质的和精神的，要有个概况式的了解。否则，就不知道世界发生了什么变化，把握不住时代的脉搏。有一个名言是这样说的：无知的头脑好像一片荒凉的沙漠，学习就好比在沙漠里种树。树种得越多，沙漠就越小。

领导要做专才，也要做通才，这需要在不断的学习中实现。上面讲到的是关于知识储备内容的构成。其实，从另外一个角度个人知识素养的方面来看，作为领导，与事业成就关系最密切的学习内容包括以下几个方面：智力学习、能力学习、品德学习、个性学习。

首先来说智力。智力就是人们通常所说的智慧和聪明。它是保证人们有效地进行认识活动的那些比较稳定的内在心理特征的有机结合。一般来说，在青年的成才活动中需要培养的智力包括：观察力、记忆力、思维力、想象力四个方面。观察力是智力活动的门户。领导者在决策前的智力活动是为了解决实践的具体问题而进行的，他必须要对所面临的问题进行分析了解，知己知彼才能百战不殆。这就要求领导者具有敏锐的观察力。观察力的培养对领导者来说十分重要。但观察力的培养并非轻而易举。在观察力的学习与培养过程中，既要学会观察事物的全貌，又要学会观察各个组成部分；既要观察事物发展的全过程，又要观察事物发展的各个阶段；既要观察事物的相似之处，又要观察事物的细微差别；既要观察事物比较明显的特征，又要观察事物比较隐蔽的特征。观察是一种有目的的知觉，这个目的是为领导的智力活动提供初步的感性材料。只有获得第一手材料，经过思考与筹划，才能发现问题实质找出解决问题的办法。明察秋毫的人总能够及时准确地捕捉机遇。

记忆力是智力活动的仓库。人们智力结构中的诸多要素都离不开记忆力。培养记忆力，首先是要增强记忆力的敏锐性、正确性、持久性和备用性；同时也应当借助思维的帮助，通过思维，加强对知识的理解，建立起必要的联想，这是通向记忆的坚实之路；还要正确对待遗忘，一方面要掌握遗忘的规律，同遗忘作斗争；另一方面只有遗忘掉那些不必记住的东西，才能牢记那些必须牢记的东西。我们的智力是建立在人脑中储存记忆的知识，经验的基础之上的，智力活动是对记忆提供的已有知识进行加工、连结、融汇和创新。如果领导者记忆力很差，他所储存的知识和经验少，信息量小，那么在谋略运筹和决策过程中产生新思想火花的可能性就相应成正比例减少。当然，良好的记忆力决不是指死记硬背，通过记忆所获得的知识，在智力活动过程中要加以灵活运用，才能真正发挥其作用。

思维力是智力活动的核心。失去思维力，观察力、记忆力、想像力的作用都无从发挥。无论什么时候，一定要"善于思考、思考、再思考"。知识渊博不等于聪明能干，也未必都能做出很大贡献。一个人尽管读了许多书，但不掌握学习要领，不求甚解，不善于思考，就会"食而不化"。推动人去从事活动的一切，都要通过人的头脑，做事情是从想开始，想到才能做到。要想干得漂亮，就要想得新奇，巧于思考才能激发思想活力。成功的目标一样但走向成功的路途却不尽相同。凡是想得多、想得新、想得奇，就能达到事半功倍的效果。想得多才能想得新奇，想得越多，出新思想、好思想的机率也就越大。新奇思想的产生是一种提炼、一种升华，是从简单的思想中提炼升华出高级的想法来。像电影剪辑一样，剪去不好的没有用的，留下来的才是精华。思维着的精神，是人类思想盛开的美丽花朵。

想象力是智力活动的翅膀。想象力是人类大脑特有的功能。想象力的作用，在于使人的智力奔放起来，腾飞起来，推动人们去创造。培养想象力，就要不断增强想象的丰富性、新颖性和独创性。但是想象只有同现实紧密联系才富有创造性，才是真正难能可贵的，才是成才所必须的。丰富的想象力对于领导具有极大的引导作用，想象丰富，才能从不同方面、不同角度看问题，打破时间与空间的界限，拓展思维的广度与宽度，思路灵活；爱因斯坦曾说："想象力此知识更重要。因为知识是有限的，而想象力概括着世界上的一切，推动着进步并且是知识进化的源泉。"如果领导者缺乏想象力，其思维活动空间必定非常有限，囿于一隅而缺乏创新思路。

接下来说能力的学习，很多人认为能力是锻炼出来的。其实，能力是学习出来的，这里的学习不是书本上的学习，而是本领的习得和掌握，它是一个人运用知识和智力成功地进行实际活动的本领。能力就是人们通常所说的才能和本事。学习是成才的基础。学习贯穿着一个人成长的整个过程，并为今后成才打下坚实的基础。实践证明，创造能力与知识的多少成正比。在学习中掌握智力、能力、科技知识、品德、个性等方面的知识，是造就人才综合素质的根本保证。无数成功者的经历都证明了这一论断的正确性。知识与智能的统一，是成才的重要因素。而创造能力是成才的重要标志。创造能力是一个人知识、智力、能力的综合反映，是表现一个人能创造出有价值的新思想、新方法、新成果的本领。高创造力不是每个人都具有的，它是智力"金字塔"顶上一颗闪光的明珠，一个人只有在不断的学习与奋进过程中才能摘取。一个人要使创造能力真正发挥出来并促进自身成才，还要在知识、经验、技能和个性品质等综合素质方面下功夫，培养解决实际问题的能力。学习是成才的基础，能力的培养比知识的习得还重要。在一个人的成长过程中，应当着重培养一下几种能力：自学能力、创造能力、表达能力、组织管理能力。

自学能力是按照自己的意图，依靠自己的力量去主动获取知识的能力，对知识的渴求与能力的向往，催促着人们从实际出发正确制定学习计划，恰当安排学习时间，掌握科学的读书、听课方法，学会积累资料和使用工具，及时总结经验，不断提出新的学习目标。随着社会发展以及对终生教育要求的提高，人们的自学能力就显得越来越重要。无论是现在还是将来，对自学能力的培养，是成才中一项根本性的建设。创造能力，指的是在学习前人知识、技能的基础上，提出创见和做出发明的能力。在成才所应该具备的各项能力中，创造能力是核心。缺乏创造能力的人，只能永远跟在别人后面爬行。但是，就目前我国的学习教育形式来看，学生的创造力十分缺乏。总结为一点就是：学生有一个共同的特征，考试能力强，独立精神弱；知识量不少，创造力较低。这一点确实值得我们深思。表达能力就是以口头或书面的方式表达自己的思想、认识和情感的能力。培养表达能力，关键在于提高表达的准确性、鲜明性和生动性。准确是表达的基本和首要条件，表达不准确，信息就无法从你的口中和笔下如实传递出去，也就完全失去了表达应有的作用。表达也需要鲜明和生动，只有这样的表达，才能更好地排除人们接受信息时的各种障碍，有利于表达目的的实现。组织管理能力，是把人群组织起来有效地完成某种任务的能力。这种能力不仅领导者、管理者应当具备，各行各业的从事社会活动的业务人才同样应该具备。在许多业务活动中，常常会遇到一个统一人们的意志、协调人们的行动的问题，没有一定的组织管理能力是根本不行的。

再次谈到的是品德的修养。一直以来，史学家、文学家、思想家就提出了德、识、才、学、体是成才的五大内在因素，而"德"为五大因素之首。品德是成才的根本保证，这一点古今中外学者都一致认同。"德薄者，终学不成也。"道德作为一种知识，需要在长期的追求中，才能成为人内在的品德素质。人才的品德包括一般品德和劳动品德。一般品德指在日常学习、生活中所表现出来的道德品质，如爱国、爱民、爱公、民主、团结、守纪、礼貌、谦虚、助人、尊重、守信、诚实、勇敢、勤劳、正直、律己等。劳动品德指人才在进行创造活动的过程中所表现出来的道德品质，如为民造福、严谨认真、坚持真理、团结协作、热爱事业、艰苦探索等。这两个方面并不是截然分开的，两者之间相互渗透，共同对人才的成长产生影响。

最后是个性的学习，性格的养成。个性，是指一个人在生活、生产活动中表现出来的比较稳定的、带有一定倾向性的特征，比如坚定性、灵活性、敏捷性、严谨性、独立性、主动性、专注性、灵活性等。人才的成长不仅与智力有关，而且与非智力的个性因素有关。高尔基在《遗传的天才》一书中提出：热情、勤奋等品质是构成天才的重要因素。我国学者认为：成功离不开良好的个性品质，如目标坚定而远大、兴趣广泛而专一、情绪积极而稳定、有好奇心和求知欲、有道德感和美感、有坚持力和自制力、有自信心和进取心、有独立性和创造性、富有幽默感等。个性心理品质虽然有一定的遗传因素，但更多的是在后天的学习中培养出来的。因此，个性学习是一个人成才学习中必不可少的学习内容。我们很难说对于人们来说哪一种个性是成功的必然，但是比较重要的是勇敢、勤奋、宽容、坚强等。

作为领导，不仅要有知识，还要有与之相应的素质涵养，只有如此，才能在博学多识之外，做到通情达理。上面我们也多次谈到作为领导者要有谨慎、沉着、坚定、宽容等品质，这是一个领导者必须具备的控制自己情绪的涵养功夫。领导在实际生活中，要从小从细处入手，随时随地注意培养自己健康向上的心理品质，不断提高自身的涵养。这些心理品质主要包括情感、意志和性格、品质等。领导者要培养的情感包括道德感、理智感、和美感，意志品质的培养包括自觉性、果断性、顽强性和自制力。性格的培养是指某些相同的优秀品质，如宽容大度、谦虚谨慎、正直诚实、自信镇定等。品质方面说的是领导者良好的涵养，这是确保领导正确处理矛盾、冲突，减少内耗、增强合力、发挥领导效能的关键因素。这需要在名誉、利益方面要淡化、谦让，保持高风亮节。在处理关系时候要忍让、心态平和；彼此之间要坦诚相见，互相支持。在组织中要展开批评与自我批评、一视同仁。猝然临之而不惊，无故加之而不怒，积极主动控制好自己的情绪。最后在对待功过问题上要公平、公正，不要推过揽功，要顾全大局，推功揽过。

总之，领导智力水平的提高有许多方面，现代领导者只有加强自身修养，不断学习知识，总结经验教训才能不断地进步。但是不能只有学习和实践，还要加强政治思想修养、文化修养、道德修养，以及心理调节和控制，才能够培养良好的涵养，克服不健康的心理，使自己逐渐成熟和完善起来。

第八章

冒险精神

在人生的道路上，最忌讳浅尝辄止，固步自封。这对于干事业来说，道路一样，如同逆水行舟，不进则退。不管个人还是企业，满足于过去的辉煌业绩而沉溺于现状、不思进取、停滞不前，都必然会带来失败。而敢于尝试风险，常常能出人意料地摆脱困境，获得意外的收益。因为最重要的是，不论事情是成功还是失败，要敢于自始至终地去奋斗、去拼搏。等待永远等不来成功。而且世上也没有万无一失的成功之路，动态的社会总带有很大的随机性，各要素往往变幻莫测，难以捉摸。所以，要想在波涛汹涌的海洋中自由运行，非得有冒险的勇气不可。但是只有冒险精神、一味地蛮干是不可以的。要走出自己的新路，干出自己的新事业，要有闯的精神，冒的干劲，还要有科学的工作态度、工作标准，寻求合理的冒险，出奇制胜。

01

不入虎穴　焉得虎子

在人类社会发展史，不断进取、永不满足的精神促进了社会的发展和人类的进步。因为不断进取，人类才能从低级走向高级，才能从原始社会刀耕火种、茹毛饮血中摆脱出来，才能从艰难拓荒、筚路蓝缕而发展到现在的太空航行。不仅社会如此，人类自身也是一样。古今中外，凡成就大事业者，都必须具备不断进取的开拓精神。主动往前走，对未知不断地进行探索，就会面临风险，而大凡干大事业、建大功的人，都懂得"避风港捕不到大鲨鱼"的道理。在不确定性的环境里，进取型领导的冒险精神是最稀缺的资源。克服不确定、信息不完善性的最优方法，莫过于组织内拥有一位具有冒险性的战略家。

在进取型领导人的眼中，社会本身对于进取型领导人就是一种挑战，一种想战胜他人赢得胜利的挑战。所以，在社会上，人人都应具有强烈的竞争意识。"一旦看准，就大胆行动"已成为许多进取型领导的经验之谈。"幸运喜欢光临勇敢的人"，冒险是表现在进取型领导人身上的一种勇气和魄力。进取型领导人告诉人们：冒险与收获常常是结伴而行的。险中有夷，危中有利，要想有卓越的结果，就应当敢冒风险。既有成功的欲望，又不敢冒险，怎么能够实现伟大目标？希望成功又怕担风险，往往就会在关键时刻失去良机，因为风险总是与机遇联系在一起的。对进取型领导人来说，风险有多大，成功的机会就有多大，由贫穷走向富裕需要的是把握机遇，而机遇是平等地铺展在人们面前的一条通路。具有过度安稳心理的人常常失掉一次次发财的机会。所以进取型领导会抓住稍纵即逝的机会，过度的谨慎就会失去它。一味追求完善，就会坐失良机。即使是一个100分的方案，如果误了时机，结果也就只能得到50分了。即使是一个60分的方案，如果不失时机，有信心地行动，也许能得到80分的结果。"运气"这个东西，往往是在这个时刻光临的。在事业上，有非冒风险不可的时候。此时此刻，重要的不是怎样作出决定，而是必须作出某种决断。

人类智慧所形成的社会是极其复杂的。因为社会的习惯、制度都是经过漫长的历史发展而来的，因此，要突破习惯思维和制度去冒险，确实不是容易的。当遇到严峻形势时，人们习惯的做法是小心谨慎，保全自己。结果总是发挥不了自己的潜力，把注意力集中在了如何缩小自己的损失上了，结果必然以失败告终。在经济生活中，如果反应迟缓，就会遭受到严重的物质损失。对每一个公司来讲，在市场上都有一个或好几个竞争对手。他们并没有在睡大觉。在这种你死我活的竞争环境中只有敢于冒风险的企业才可能发展，只有敢于冒风险的领导才有可能获得成功。敷衍的决策方式、静观其变的决策方式是注定要失败的。

成功者并不一定是他比别人"会"做，更重要的是他比别人"敢"做。1956年，58岁的哈默购买了西方石油公司，开始大做石油生意。石油是最能赚大钱的行业，也正因为最能赚钱，所以竞争尤为激烈。初涉石油领域的哈默要建立起自己的石油王国，无疑面临着极大的竞争风险。首先碰到的是油源问题。1960年石油产量占美国总产量38％的得克萨斯州，已被几家大石油公司垄断，哈默无法插手；沙特阿拉伯是美国埃克森石油公司的天下，哈默难以染指。那么如何解决油源问题呢？1960年，当花费了1000万美元勘探基金而毫无结果时，哈默再一次冒险地接受了一位青年地质学家的建议：旧金山以东一片被德士古石油公司放弃的地区，可能蕴藏着丰富的天然气，建议哈默把它租下来。哈默于是又千方百计从各方面筹集了一大笔钱，进行了这一冒险的投资。当钻到860英尺（262米）深时，终于钻出了加利福尼亚州的第二大天然气田，总价值估计在2亿美元左右。由此看来，与其不尝试而失败，不如尝试了再失败。不战而败如同运动员的竞赛时弃权，是一种极端怯懦的行为。

　　作为一个成功的领导人必须具备坚强的毅力，冒险的勇气和胆略。当然，冒风险也并非铤而走险，敢冒风险的勇气和胆略是建立在对客观现实的科学分析基础之上的。顺应客观规律，加上主观努力，力争从风险中获得效益。盲从冒险，就是愚人匹夫也能做到。只有"面对事件不惊慌，选好谋略有成竹在胸"的人，才有确切的把握做孤注的一掷，才有成功条件上的需要。

　　成功的领导人都敢于冒险。虽然很多人将多半成功归诸于运气好，或是时地相宜，可是这些领导人之中没有人是空等命运之神幸运前来叩门的。能领导他人达成空前成功的人，都愿意寻找挑战，并勇于应战。每一个成功的进取型领导，都免不了具有某种程度的挑战，或许是创新的产品，或是对权力与职责的颠覆，甚至创立一家新公司或新企业。不管挑战内容是什么，所有个案都离不开"革除现状"。所有的进取型领导人都要勇于挑战，敢于冒险。他们愿意冒险，为了找到更新、更好的方法来做事，不借创新、做实验。进取型领导人首要的贡献，是要充分了解及支持好的概念，并乐意挑战原本的系统，以便制造出新产品。进取型领导人是打先锋的创意收容人。进取型领导人非常清楚实验、创新甚至改变，都意味着冒险与失败，但他们仍愿勇往直前。要是你认为一再失败的人终究会获得成功，那么你就大错特错了，因为成功并不像购买彩票，买的越多中奖机率越大。

　　对领导人来说，开启通往机会之门的钥匙就是"学习"。换言之，成功的领导人就是个学习者，他们不但从错误中，也从成功中学习，获得冒险必要的知识、经验，最终成功。这就说到了冒险的另一好处，除了有助于组织的发展、壮大，还有助个人的成长。而个人的成长又会更加有勇气尝试新的冒险。正如一位日本专家指出的那样：人类的年轻人在长期的历史过程中，学到了很多智慧。拥有很多智慧，就能给人以更大冒险的可能性。成功或者失败，都是一个人成长的经历。作为一个青年人，一方面要通过学习和实践不断增长知识、经验，另一方面，还要永远保持冒险精神。冒险并非只靠勇气和体力，还要有自己独特的思考和方法来考虑和处理问题。但是，随着人们智慧的增多，却容易产生胆怯，知道的越多，却不会轻易地朝着目标前进。当人们总想一切都调查好之后再尝试时，就逐渐失去了尝试的勇气。谨小慎微、裹足不前、举棋不定的人，只能在当今瞬息万变的社会中被淘汰落伍。亲爱的读者，你们如何发挥自己的冒险精神？又是怎样对待别人的冒险精神呢？如果我们每天的生活总是平平常常、毫无变化，那生活多年与生活一天是一样的。完全的一致就会使最长的生命也显得短促。

02
寻求合理的冒险

古人云："人之为学。不日进，则日退。"千百年的历史证明了这一点：事业上有所成就的人，在于不断追求，不懈努力。而固步自封、沾沾自喜者就难免跌跤。随着时代的发展，企业间的竞争日趋激烈，这就要求企业要不断进取、不断创新。时代要求企业家的冒险精神和创新意识；时代鼓励人们不断试验，不断革新，勇往直前；时代强化了企业的内部竞争，推崇那些开拓进取的人。

我国南部沿海珠三角的成功经验就是敢闯，没有冒险精神，是干不出新事业的。掌握全局的人如果不冒点风险，是不能成就一番事业的。作为领导者，要善于寻求合理的冒险，有强烈的竞争意识，这个在前面已经有所提及。风险和成功是一对孪生儿。革命、拼命的精神是开创新局面的必须。这就要求领导者要以事业为重，以大局为重，发扬革命和拼命的精神，为了革命利益，为了整体利益，要排除一切干扰和影响。寻求新的冒险和新的突破要有勇气、冲劲的。一个国家要有民气，一个军队要有士气，一个人要有志气。人，有了奋发向上的志气，才能努力进取，有所作为；军队有敢打必胜的士气，才能攻无不克、战无不胜；一个国家有不甘落后的民气，才能以自己的辉煌成就屹立于世界民族之林。而领导者，就是要善于寻找这种"气"，寻找新的突破，使自己立于不败之地，不断实现自我的超越。在现实生活中，要实现合理的冒险，必须要有冒的干劲，必须要不断地实现自我的完善、自我的突破和自我的超越。

　　领导者要有科学的态度，首先要有明确的奋斗目标。"目标"这一术语指的是一个期望的结果。从根本上讲，就是一个人在将来某一时间期望达到的程度。对于领导来说，每项活动都有一定的目标，目标是活动的目的地，也是活动的动力和测定器。而有经验的领导知道什么样的目标能够使组织的士气高涨，使每一个人的能力发挥地淋漓尽致。那就是挑战性目标。挑战性目标的实现是有一定困难的，也具有比一般性目标更大的失败危险。但真正的挑战性目标却是建立在科学与现实的基础上的。坚韧不拔是作为领导的美德。如果明知道是败局还要坚持下去，那只能说是一味地蛮干了。大凡有经验的领导都喜欢把自己设想成一个优胜者，而不是一个失败者。一个不断获得成功的进取型领导人在做下一件事时比一个总是失败者的成功率要高得多。

　　因此，领导者在制定挑战性目标时因时、因地、因人制宜，灵活掌握，遵循这样一条原则：不断强化必胜的观念。也就是说要把握好挑战性目标的度，以免挫伤积极性。领导订定目标时，同时也需要相当多的弹性，因为目标绝不会一成不变。目标是可以企及的，而后别人负责达成目标，自己则对这些人负责。不能负责，就不配当一个领导者。而人类都有一种通病，喜欢在事情失败之后，把责任推给别人；或是假借国际局势、社会环境，商业不景气、运气不好等种种托辞，来替自己找借口。保这种不负责任的态度，是一种最要不得的行为。事情如果发生问题，往往是自己控制不当所造成的。所以领导决定要做事情时，除了事前详细规划，并慎重地去执行外，一旦面临问题时，领导挺身而出，以扭转局势；如此就不至因为彼此的推脱，而使事态严重。对于进取、开拓新局面来说，就是要寻求合理的冒险，而不能一时逞能，带领团体走在前途未卜的独木桥上。

　　作为领导，要带领团队制定实施目标的方法步骤。目标一经选定以后，要先行试点试验，总结经验教训；然后在试点的基础上，扩大试点范围，继续总结经验；最后全面展开实施，全面推广经验。实施时要有详细的计划和工作步骤，并有明确的目标和具体的要求。此外还要有问题处置的对策和措施。进行冒险性的试点和试验，难免出现错误和失败。作为领导者，一方面要允许和承认合理的失败。如果在试验的最后出现了失败，也是事物进程中不可避免的。另一方面要有各种问题处置的预案。试验一旦出现了错误或失败，领导者也要按预案积极地进行处理，不要过多地批评和指责，而要帮助其分析原因，研究应对和解决问题的办法，使其更切实际地符合冒险的精神。爱因斯坦说过：机遇只偏爱有准备的头脑。作为领导，更应该对身边发生和将要发生的一切有思想准备，遇事不乱，在瞬息万变的商业社会，把握时机，当机立断。

而在现实中，存在一种现象那就是以牺牲整体利益、集体战斗力为代价而消极地保一方稳定、安全的现象，有些领导人像小脚女人一样，裹足不前，久而久之，就产生了无过就是功的思想。如果任由这种思想蔓延下去，整个社会就会万马齐喑究可哀。所以，只有树立"无功即过"的崭新观念，才能开创单位和事业建设的新局面。很多人分析，"无过即功"除了有它的滋生土地和环境外，关键的是有的领导者个人的名利思想在作怪，怕这怕那，怕保不住乌纱帽。甚至还闹出把"宁肯借米下锅，也不派车技粮"作为经验介绍的笑话。这种现象确实存在。而且这种思想会助长了主观主义和官僚主义；束缚了人们的手脚；开创不了工作的新局面。

然而，"无功即过"是观念的创新，是工作思路的开拓。树立"无功即过"的观念一是有利于实现竞争机制，优胜劣汰，使"小脚女人"没有市场；二是有利于实现激励机制，奖勤罚懒，充分调动人的积极因素；三是有利于发现和挖掘尖子人才，开拓新的市场，开创单位和事业建设的新局面。"无过即功"的陈腐观念要破除，"无功即过"的崭新观念要树立，为集体注入新鲜的血液，解放思想，开创新局面。领导者就是要善于发挥典型的激励、导向和示范等作用，与时俱进，勇于开拓，锐意进取，敢于冒尖，但同时要摒弃夜郎自大、自我感觉良好。冒风险，必然会有失败的可能，失败和错误是事物发展过程中应有之事，作为领导者，应该对合理冒险之后的合理失败有所意识、准备。只有允许合理的失败，人们才会大胆地继续尝试、锐意进取。容忍失败是为了不失败，我们不鼓励失败，更不原谅故意的失败，但是允许合理的失败，只有这样，人们才能够不断尝试、冒险，不断地改革创新，取得进步。

03
刷新观念，出奇方能制胜

身处激烈变革的知识经济时代，面对着日新月异的社会，每个人都感受到生存的压力与生活的重担。"新"已经统治了整个世界，我们生活在其中，身不由己，注定要卷入一场深层次的变革，那么，是聪明地学会创新，成为时代的弄潮儿，还是被动地接受别人的创新、世界的变化，何去何从，孰优孰劣？在这个蓝色的星球上，一切都是可以被创造、改进、发展的，作为万物之灵的人类，正是继承着前人的创新、接受着他人的创新、进行着自己的创新。创新能力已成为个人立世之本、求存之道，更是众多组织与个体成功经验的必备条件。人人都欣赏并渴望创新，却未必了解如何创新。

人的创造力是没有极限的，唯一的限制来自你所接受的知识系统、道德系统和价值系统。这些系统常常妨碍人们的创造力。由于这些系统的纷繁复杂，很多人在其中受到空前束缚，甚至认为自己没有创意。殊不知，任何一种系统都是人创造的，所以，你有权利持怀疑态度。通常情况下，人的障碍在于，没有真实面对自己的问题，而根据各种系统的成见来判断自己能做或不能做。他们被先人之见害得很苦。其实，有很多你深信不疑的事情，一些惯性思维，阻挡你的创造力。每当你察觉被某种信念所限制时，不妨删除它，用一个能够保留和有益的信念来取代。作为领导者要善于把有碍于创造力的"绊脚石"克服掉，找到适合于自己的制胜之路。"横看成岭侧成峰，远近高低各不同"。万事万物，各有其长，远近高低，各显其姿。每个地方都有自己独特的优势和资源，有的领导者能够发现，而有的领导者却熟视无睹，这主要是由于思维方式的不同造成的。领导者应该学会创新思维，这样改革创新力会从根本上得到提升。

首先，要冲破传统思维定势的桎梏。我们在特定的历史条件和区域环境下形成的思维定势具有很大的惯性，有相当一部分在新的时代潮流面前已成为束缚思维的桎梏。要顺应时代的发展，跟上时代的潮流，必须冲破传统思维定势的桎梏，只有这样才能使思维在更广阔的天地翱翔，才能使思路在创新发展中变得更宽广。

其次，要转换角度思考问题。按照正常的思维模式"山重水复疑无路"，一些事情似乎已成定局，而转换角度，思维就会开启"柳岸花明又一村"的境界。领导者必须经常扩大和转换自己的视角，多角度、多方面地发现自身优势资源。拐个弯想一想，换个角度看一看，就不难发现。比如逆向思维，把现成的方案与程序翻转180度，也许就会取得想不到的效果，打破了常规性的思维模式。改革创新力需要领导既是一名勇于进取、善于拼搏的实干家，又是一名思想敏锐、处事果断的冒险家，没有一点冒险精神，就走不出一条新路，就干不出新的事业。要提高改革创新力，领导干部不仅要敢于冒险，而且要善于寻求合理的冒险。只有这样领导干部才能实实在在地提高自己的改革创新力。这一点在上一节已经谈到。

思路有了，下一步就是如何行动了。改革创新力，光有强烈的创新意识、独特的创新思维和敢闯敢干的创新人格是不够的，更重要的是特此落实在行动上，贯穿于整个创新实践中。有一段话很精彩："如果仅从身体条件看，人类只是很平淡的物种。在力气上，人比不过大象、老虎，甚至比不过和他同样大小的其他动物。人虽能昂首阔步地行走，但行动远不如猫的灵巧；人也跑不过狗，更跑不过马。人的视觉不如鹰，嗅觉不如狗，听觉不如羚羊，很多感觉都很迟钝。人类虽能站立，但站久了却要腰酸背痛，这说明人的骨骼和肌肉不太适合他的直立姿势。人可能是生物界中唯一不协调的物种，其他生物绝无这种情况。鱼在水中游，鸟在空中飞，都是那样和谐完美。甚至小小的昆虫，都能有那么大的繁殖力和那么强的适应环境的能力。

但是，主宰世界的仍旧是人类。人类能做到这一点，完全靠的是人类的智慧。换句话说，人类具有其他动物无与伦比的大脑。仅仅是这一差别，使得人类统治了世界。"人的智慧可以使人超越自己身体的局限和不足，人没有翅膀，但可以驾驶飞机在天上翱翔；人的视力有限，但可以借助超能望远镜看到宇宙星空的细小变化。而更确切地说法是人类有了智慧又有实践，动手发明与发现，才有了现今的世界。实践是指人类改造世界的活动。人的实践是人所独有的特性，与其他动物的行为具有本质的区别。创新是为了改造世界，改造世界是为了满足人们在实践中产生的需要。自从人类出现以来，创新活动总是在实践需要的推动下发生、发展的。创新能力的形成，对于人类整体而言必须通过实践活动，对于个体的人而言同样必须通过实践活动。实践是人的创新能力形成的唯一途径。通过创新思维与常规思维的比较，我们可以看出：创新思维最宝贵的品性就在于它不满足人类已有的知识经验，努力探索客观世界中尚未认识的事物的规律，从而为自己的实践活动开辟新领域，打开新局面。没有创新思维的人，没有勇于探索的精神，其实践活动也只能停留在原有的水平上。

《孙子兵法》上说"故其战胜不复，而应形于无变"。意思是说，每次胜利都不是重复老一套，而是适应不同新情况而变化无穷。把创造精神融汇在实践中，运用自如，不断升华，就能做到善发奇兵，出奇制胜。所以《孙子兵法》得出这样的总结："故善出奇者，无穷如天地，不绝如江河。"意思是说善于出奇制胜的将帅，其战法像天地那样变化无穷，像江河那样奔流不竭。身为现在的领导者，无疑应该认真学好这套本领，培养创造精神，在自己领导的天地闯出新路子，开创新局面。什么样的人才称得上是优秀的领导者？有人这样总结道：多数人都能想到、做到的，而你想不到、做不到，那你根本不能当领导；多数人能想到、做到的，你也能想到、做到的，你能当领导，但只能当一般的领导；唯有多数人想不到、做不到的，你却能想到、做到，那你一定能成为一名出类拔萃的领导者。

第九章

人格魅力

　　我们常常可以看到，有些领导者虽然貌不出众，语不惊人，却受到众星捧月般的包围，拥有无数忠实的追随者；他们身上散发出特有的魅力，具有丰富的内涵和韵味。尤其是在高超能力和辉煌绩效的衬托下，就具有极大的感召力和强烈的凝聚力。是什么使他们如此与众不同？是什么造成他们对群众那种无法抗拒的吸引力和向心力？奥秘之一就是人格魅力。领导者的人格魅力是领导特质的又一重要表现，包含着丰富多彩的内容。它就像一顶无形的皇冠，立于领导者的头上，熠熠生辉。

01

好形象源于高素质

领导形象作为一种非权力影响力，是领导权威的内核的重要组成部分。领导者要真正得到群众的拥护、支持和信任，除了要用好权、管好人、办好事，还要依赖其自身的良好形象。较高的素质和良好的形象，既是领导者干出一番事业的必备条件，又是社会主义现代化建设和时代的要求。领导者的人格是一般人格在领导者这一特殊职业人群身上的具体化与深化，主要指人的世界观、价值观、伦理道德、个性心理品质等，作为一种品行与操守，在领导实践中的表现。当它在领导者身上表现出消极、落后、颓废、蛮横、贪婪等倾向时，就会使群众感到压抑、反感、厌恶、乃至愤怒，产生极大的排斥力；而当它在领导者身上表现出积极、进步、光明、向上等倾向时，则会使被领导者感到振奋、鼓舞，乃至赞赏、喜悦，产生巨大的吸引力，在他们心中树起一座丰碑。领导者的人格魅力虽然无形，但内容并不虚无。它用金钱买不来，用武力抢不来；只能用他们身上对别人影响重大的正直、垂范、谦虚、廉洁、诚实与守信等高尚品行去铸就，除此别无他途。

领导者的人格有了魅力，好像一盏灯在黑暗中被点燃。当他魅力强大时，则如夜空中升起一颗巨星，光芒四射，异彩纷呈，令人目不暇接。领导者仿佛周身笼罩着慑人的光彩，一言一行似乎都充满神秘与奇妙。其实，人格魅力不过是领导者品格与德行的升华。它无论如何光芒耀眼，光彩夺目，都来源于平凡，来源于客观，都有迹可探，有规可循。领导者人格的魅力，作为一种客观存在的精神现象，也像世间万物一样，不仅有其特定的内涵、意义与特征等，而且也有一个产生、发展的过程，也有自己的产生、发展形式。这种形式最基本的通常有两种。第一种是积累式。就是在比较长的时间里，通过妥当地处理一系列必须解决的问题，通过人格在许多事件上的一再闪光，逐步引起大家的注意，慢慢改变他们对自己的看法，塑造起自己的光辉形象，从而慢慢地发出魅力。好比人们刻苦地学习知识，经过较长时间的攻读，"十年寒窗"，从而逐渐充实起来。这是一种量变到质变的过程，起初不太引人注目。这种领导者赢取人心也就是一场韧性的战斗。人格魅力产生的第二种基本方式是突变式。就是通过相对短的时间内在一两个重大、关键或紧急问题上品格突然放射出耀眼光芒，使人耳目一新，刮目相看，一下子佩服得五体投地。人格魅力的这种产生过程，量变阶段很短暂，不明显，质变的骤然性和飞跃性特点格外引人注目。特别在局势动荡、暴风骤雨的时期，所谓"乱世出英雄"。这种时候对领导者的品行往往是最严峻的考验。

无论领导者的独特魅力、良好形象是如何形成的，它的来源都是领导者内在的高素质。看看我们身边的成功的领导者，他们似乎都具有共同的特征和素质。

领导者热爱员工。这一点应该不言自明。领导的工作就是管理员工，如果他根本不喜欢自己的员工，那他如何让员工去热爱公司呢？优秀的领导者总是对员工关怀备至。他们对别人所做的事情表现出真诚的兴趣，让员工充满信心，并对领导充满好感。他们易于让员工接近，而不是只在办公室的大门里。最优秀的领导注重人性，因为他们深知自己并不比其他人更加完美。他们对自己的缺点从不讳言，这样他们就能更充分的理解、接受他人的缺点。

领导者纵观全局。领导者从不会说："这不关我的事"。如果你突遭不测时需要下属投身为你解忧，那你必须先让他们知道，在他们需要你的时候，你总是乐意帮助他们。这样整个组织的集体氛围就会很好，大家互帮互助，共同进步。

领导者坚决果断。领导者要时常做出各种决定，而作出这些决定都是需要勇气的。当信息完全准确时，领导者易于作出正确的决定。但当信息难以得到时，你简直就无法做出决定。真正考验你的时候到了！事到临头，你必须做出一个决定。犹豫不决、优柔寡断，这些都明显表明一位领导内心的恐惧与害怕。没有人会尊敬或跟随一位胆小怕事的领导。

领导者机智周到。以委婉动听的话语待人总比尖刻刺耳的语言更好，这是生活中的一个简单道理。然而，权力的光影通常使这些身居高位的人忘了此理。当我们急切希望完成工作之时，便失去了耐心，根本不考虑他人的感受。我们毫不理睬他们的建议，低估他们的工作成绩，在同事面前羞辱他们。我们忘记了一个重要原则——"对事不对人"。批评时应当针对事情而不要迁怒于人。

领导者鼓舞人心。领导者应当不断尝试新的方法，因为事情总可以比过去做得更好。领导者从不说"我们不会那样去做"。如果领导让某人去试做某一件事而未获成功，他不会对做事失去信任，也不会乱加指责。因为他明白：如果不让员工重振精神，再度尝试，又怎会获得成功呢？

领导者充满乐观。乐观的领导总是乐于听取他人的意见，因为他期望着好消息的到来。悲观的领导却总喜欢找各种借口或摆出一副对一切都胸有成竹的架势，因为他害怕听到不好的消息。乐观的领导认为员工很有帮助、富于创造力，悲观的领导则认为他们懒惰、讨厌、无用；乐观的领导热情欢迎员工提出建议，悲观的领导总是认为新的主意就意味着带来新的问题，认为弊大于利。所以，乐观的领导步步高升，悲观的领导则寸步难移。

领导者信心十足。自信而不孤傲、不卑不亢，这些也是杰出领导者的优秀品质。自信者不必开口，就显示出他所具有的很大吸引力。自信的外表，会让员工有所寄托，感到安全。

领导者公正无私。当领导安排工作、给予提升、增加工资、雇佣员工、解雇员工的时候，他的任何决定都影响着整个部门。因此，讲求公正是极为重要的一点。如果一位员工毫无业绩，领导却给他加薪，这只能让其他员工感到不满。当一位员工无辜受冤时，集体的士气也会受到影响。当员工犯了错误之时，应该让他知错认错，然后置之一旁，不应耿耿于怀。犯错是学习的良好机会，而不应视它为伤害员工自尊心与自豪感的机会。

领导者诚实可信。诚实，意味着向上级领导报告他们可能并不想听的事情；诚实，意味着告诉员工他们何对何错；诚实意味着领导自己犯错时敢于承认错误。既要向下级讲出实话，又不要伤害他人的感情，这并非易事。领导者只有诚实才能保证从根本上做到正直、公道、谦虚、廉洁、守信。

领导者谦虚谨慎。杰出的领导者都具有完美的自我形象。因此，他们不需要从别人那里得到阿谀奉承，也不必自吹自擂。同时，他们也不必掩饰自己的错误，因为他们知道，人无完人，至少他们不是完人，所以犯错是在所难免的事情。员工永远不会被自我主义者所蒙骗。因为群众的眼睛是雪亮的。

领导者意志顽强。意志与领导者和领导工作是寸步不离的伙伴，因为办任何事情都会遇到一定的困难。领导工作的性质，决定了领导者必须具备很强的意志力：目标始终如一，信念坚如磐石，一切行动都在理念的牢牢控制之下；胜利时保持清醒的头脑，并提出新的目标；在挫折和困难面前毫不气馁……

如今的时代是竞争的时代，是素质、能力竞争的时代，领导者如果想取得事业的成功，就必须时刻注意自己素质的提高。卓越的领导者品质优秀、成熟稳健、意志坚强，这些具有强大的感召力，能够稳定军心、鼓舞士气。领导者有人格魅力，大家就会觉得成功有了保证，有了主心骨，进而团结在他的周围，积极进取，努力奋斗。

02
宽以待人，海纳百川

　　宽容，是人生难得的佳境。宽容，对人对自己都可以说是一种毋需投资便能获得的"精神补品"。宽容不仅有益于身心健康，而且为人们赢得友谊，保持家庭和睦、婚姻美满，乃至事业的成功。因此，在日常生活中，要有一颗宽容的心。宽容，它往往折射出待人处世的经验，待人的艺术，良好的涵养。学会宽容，需要自己吸取多方面的"营养"，需要自己时常把视线集中在完善自身的精神结构和心理素质上。

　　宽容对于领导者来说，似乎更加宝贵，意境更胜一筹。它可以"化干戈为玉帛"，平添祥和之气。领导者的宽容，是和谐社会的基石。借用魏征的话，也可以说是宽容则"吴越为一体"，不宽容则"骨肉为行路"。在同一群体、同一阵营内，领导者的宽容，这里主要指在不涉及重大原则、大是大非问题时，对别人，特别是下属的缺点、过失采取包涵、谅解、退让、不计较等态度，以大局为重，与大家和睦相处。在领导实践中，懂得宽容，学会宽容，标志着领导者统率、驾驭群众的能力已趋于娴熟，涵养更上一层楼。领导者的宽容，可以淡化上下矛盾，创造宽松的人际环境，给所有群体成员以极大的安全感，从而集中全力去工作、奋斗。有些领导者对他人之短、之过怎么也看不顺眼，怎么也难消心头之气，乃至如芒刺在背，视为眼中钉、肉中刺，耿耿于怀；且不论别人如何不好受，就是他自己也不会有多么愉快，积怨时上心头，在压抑郁闷中苦度时日。如此，实在是自找苦吃、钻牛角尖，无论怎么也大度不起来。大度不起来就越跟别人计较，越计较就越跟自己过不去，越跟自己过不去就越计较，越失去理智，形成恶性循环。在这种恶性循环中，别人活不好，自己也活得累，皆大不幸，于人于己只有弊而无利。因此，领导者有了宽容气量，还意味着他已在自己心中从此抹去一切人际芥蒂，战胜了患得患失的心理障碍，心情清净，思想开朗，思路开阔，目光远大，行动得体，神态沉稳，拥有一份豁达、超脱的潇洒。有了这份潇洒，他就可以在人际交往中坦坦荡荡，轻轻松松，自如进退，别人也如沐春风，如鱼得水，结果大家都一心扑在工作事业中，争取最大的绩效。

从根本上讲，领导者的活动宗旨之一，是直接或间接为群众谋利益，而不是与人为恶。因此，只要合法合理合情，有可能，凡事都应该以有利于别人前途、工作、生活为出发点去考虑、安排，解人之忧，成人之美。结果也往往十分有利于唤起人性的良知，冲淡上下矛盾，避免可能出现的怨愤。人们所赞赏的"长者风度"，主要就是这个意思。此外，作为被领导者，人非圣贤，孰能无过。世界上没有从无缺点、从不犯错误或毫无过失的人，区别只不过在于缺点与过失的多少，性质和程度不同罢了。只要其缺点、其过失没有严重到非处罚不可，不是故意而犯，领导者都应该尽量不予追究。即使是大过、大失，也不应轻易置之死地，横眉冷对，也要抱着治病救人的态度，尽量挽救，一片诚心，以便把更多的人团结起来。

"待人和为贵，处世忍最高"，这是不少人所欣赏的信条，但它追求的是消极、无为、出世。领导者的宽容，虽然也讲"和"与"忍"，但它饱含积极、有为、进取，与世俗的盲目宽恕不可同日而语。还有人以为，宽容是领导者软弱的表现。其实不然，有软弱等嫌疑的宽容根本称不上、也压根儿不是领导者的宽容。宽容是人生难得的佳境——一种需要操练、需要修行才能达到的境界。领导者的宽容，是领导特质达到很高境界的标志，是强者的象征。宽容决不是无原则的宽大无边，而是建立在自信、助人和有益于社会基础上的适度宽大，遵循法制和道德规范。

"大事讲原则，小事讲风格"乃是应取的态度。领导者的宽容与忍耐一样也有分寸，有准则，有节制，有限度；从领导的目的、宗旨上说，领导者对人宽容，是为了调动下属的积极性，实现一定的目标。这与厉行法治、严明纪律等目的一样，殊途同归。宽大无边，忠奸不辨，是非不分，一味迁就，什么都容忍，而没有一定的制约、惩戒，就是纵容姑息，就意味着大家都可以为所欲为，无所顾忌，各行其是，宽容也就毫无益处可言。我们讲宽容是强合剂，只是说对可以谅解的事加以谅解，进而把当事者更好地团结起来；而不是做"万能胶"，什么事、什么人都不分青红皂白地凑合在一起。没有规矩不成方圆。如果领导者甘当老好人，做好好先生，片面讲宽容，仅靠道义精神的力量，就和无能、懦弱、窝囊之人无异，也就可能失去应有的权威、号召力与影响，难以制止、控制一些不良倾向，管不住一个集体。尤其是群体越大的地方，人员情况越复杂，鱼龙混杂，一些消极现象、不自觉行为，甚至故意捣乱现象的发生率也相对高，任其发展的结果常难免搬起石头砸自己的脚。正如我们熟知的东郭先生一样，太"宽容"、仁慈，没有原则可言，结果好心没好报，自己稀里糊涂地成了牺牲品。有人问一位政治家，你的成功之道是什么？他回答说："最伟大的生活法则是容忍；其次是不容忍；第三，最难做到的是能够区分容忍和不容忍。"领导者的成功也是如此吧！

中国近代伟人林则徐有句名言："海纳百川，有容乃大。"就主要讲领导者要有恢弘气量。天空广阔无边，是因为它容得下众多的云彩；海洋浩瀚辽远，是因为它容得下众多的江流。领导者的气量，应该像天空，像海洋，能容天下难容之事与世间难容之人，也才会显出自己真正的强大，才会孕育蓬勃生机。但领导者气量之天、之海的壮观精彩之处，还在于它不是各个部分的随便堆放与拼凑，而是存在奥妙的内在联系，表现出一些共同特征，反映了一些共同要求，从而使我们可以进一步领略它的壮丽风光，品味它的深邃内涵。

"宰相肚里能撑船"，这是中国的一句谚语，也是一个典故。传说有一位宰相的小老婆与他的一名随从私通。有一次两人在房内卿卿我我、窃窃私语时，被宰相在窗外听到了。这位老大人一怒之下，想闯进去捉奸。后一转念，自己年纪大了，怎能满足正当妙龄的小老婆；再说，这位随从是位得力智囊，还是不要把矛盾激化吧。想到这里，便悄悄走开了。为了防止他们胡闹，宰相借八月十五赏月之际，用吟诗方式向他们提出警告。这位随从倒也聪明绝顶，即以"宰相肚里能撑船"的诗句和之，吹捧老宰相的宽宏大量。这一谚语说的是领导者的巨大心理思想相容性，这主要是指对他人某些言行的容忍或谅解。领导者没有这种相容性，就什么意见也听不进去，什么矛盾也想不开，对谁也看不惯；反之，才会听得进各种声音受得起各种委屈，容得下他人的不足。

一个领导者心中有了宽容，就会放眼于事业的根本与大局，会为自己保持或扩大这种气度。一个有眼光、有理想的领导者，都不会在个人感情与名利上患得患失。战国时燕国名臣郭隗说："成帝业的君主，总是把和自己相处的人看做师长；成王业的君主，总是把和自己相处的人看做良友；成霸业的君主，总是把和自己相处的人看做听从指挥的臣子；亡国的君子，则把和自己相处的人看做奴才。"的确，领导者的气量就是这样与他自己的胸怀与抱负息息相关。如果蝇营狗苟，斤斤计较，或者处处遂个人之欲，图小团体利益，存帮派狭隘排他之心者，就会舍大求小，舍本求末，毫无顾忌，无不小肚鸡肠，争长较短，倾轧成性。

对于领导者来说，做到宽容，也就起到了陶冶性情、加强修养的作用。人都有七情六欲，领导者也一样，当听到刺耳之声，受到不公待遇，面对不平之事的时候，有的凭借个性、修养可以有效地自我调控，十分坦然。而有的领导者明知随心所欲做出反应有害，但就是控制不住喜怒悲愤，多少流露出来，或者时好时坏，或者不能善始善终，这就极需性格与个性的锻炼。可见，性情的陶冶也是领导者修炼各种气量的根本要求。人的性格存在先天性与后天性。例如，有的人生来就是乐天派，为人宽厚，不拘小节，比较外向合群。而有的人心胸狭窄，虚荣心强，好嫉妒，为人苛刻。有的甚至吃过再多的苦头，历经再多磨难也难改其个性，一遇具体问题又下意识表现出来。但一般情况下，对于多数人来说，后天起更重要的作用，严酷的环境或屡次深刻的经验教训往往可以改变性格的先天性。因此，领导者都应该自觉地陶冶自己的性情，才能调控好自己的感情，以保持较大的气度。

03

公正廉洁，德才兼备

　　处世待人的正直与公道是领导者在部属心目中建立、维护良好形象的首要品质或起码条件。它们对领导者人格的巨大影响和重大作用，伴随着领导活动的漫长历程，已越来越清楚地展现给了我们。

　　从社会生活的实际情况看，任何一个人都自觉不自觉地以一定的观点与态度看待客观世界。领导者对客观事物、对各种矛盾，也总是自觉不自觉地基于一定的准则，显露一定的倾向与看法，并做出相应的表示和反应。当这种态度总是基于真、善、美的人性美德，或者以本阶层、本阶级、本集团以及社会公认的准则表现出来时，可以说这就是我们通常所说的正直了。领导者能够做到正直、公正，他的追随者就会从中正义与光明，感到领导者的可靠与诚实，加上其他积极因素，其形象就会逐渐在部下心中高大起来。群众们尊敬的是君子，无数英雄豪杰"富贵不能淫，威武不能屈，贫贱不能移"，在群众心中拥有无可争议的位置，甚至死后还被千秋敬颂，重要原因之一就在于此。领导的威信从何而来？靠上级封不出来，靠权力压不出来，靠宣传吹不出来，靠小聪明骗不出来，只能靠四个字：公正、廉洁。领导者是否有威信，很大程度上取决于自身形象。严以律己，克己奉公，全心全意地为人民服务，是维护良好形象、树方威信的重要条件。

　　我们敬爱的周恩来总理之所以为同代人和后代人钦佩、敬仰、怀念，并奉为楷模，除了他总揽全局的统筹能力、严谨务实的求真风格、刚柔相济和勤俭谦和的品质之外,他的公正、廉洁,他的出于公心、严于律己、克己奉公、谦逊、勤勉,他的"鞠躬尽瘁,死而后已"的高尚品德,也是一个极重要的因素。古人说得好,若要达到"齐家、治国、平天下"的目标,根本的要义在于"明德"。其中,最重要的是崇尚公义和与民同乐的理想。被孙中山解读为"天下为公"和"与民同乐"。而到中国共产党这里,则赋予了它更崭新的时代和阶级内容,那就是全心全意为人民服务。

公道、公正、公平是一个意思,这是领导者个人魅力的一个重要组成部分。它要求克服个人感情与利益上的偏向去处理问题,对事一碗水端平,对人一视同仁。公道有客观标准,因为公道自在人心。领导者处事公道不公道,历来是他能否取得部下拥护的一个重要前提。人都有一定的现实利益,还常常把自己的所得与所献进行比较,把自己的所得所献与他人进行比较;并要求领导者按照同样标准给予对待。另外,由于各种原因不可避免在与他人发生各种矛盾与冲突时,也要求领导者按同样准则给予协调、平衡。对于下级的这些问题,领导者如能用同一尺寸进行公正地仲裁与处置,尽管有时有人不满,但也无话可说。一般说来,下属有时能体谅领导者工作能力、文化水平等方面的不足,却无法容忍他们处事的不公。领导者如果对下属感情用事,厚此薄彼,就势必引起被不公对待一方的不满与怨愤,失去他们的信任与支持。而被偏袒的一方则可能有恃无恐,目无法纪,或形成帮派山头。结果都可能激化矛盾,妨碍团结,使领导者威信扫地。

领导者在履行公正的时候,要遵守"等距离"原则。在实践中如何正派、公道,当然因人而异,因事而异,不能一概而论。但由于领导者离不开被领导者,其中与朝夕相处的部下相处时,彼此关系的亲疏应该一律保持不远不近的"等距离"。世间万物皆有"度",过"度"则变态或变质。为官也有"度",与下属的关系也要把握分寸,掌握思想感情上的界限,以坚持应有的原则与拥有吸引力为"度"，"亲而不昵，疏而不远"，若即若离，对谁都一视同仁。这是正直与公正的起码标准，也是基本方式。

领导者的人格魅力中，除了正直、公正外，谦虚、廉洁、诚实等品行也同样具有不可忽视的作用和影响。它们各自所拥有的内涵也同样十分丰富。它们是人的美德，是领导者必不可少的品质素养，直接决定能否正确认识客观世界，正确对待部属的长处与功劳，是否有自知之明。谦虚是杰出领导者的特质。领导者有时比他人懂得多一点、深一点，但并非无所不知、无所不能，也没有理由骄傲。有了谦虚的精神，才能不居功自傲，淡泊名利，知错就改，使部下感到可敬可亲。

领导者作为一个集体的首领，代表整个集体的利益，尤其是代表社会利益的公共机构与单位的领导者，在行使权力过程中如何处理个人利益与集体利益、个人利益与社会利益的关系，特别集中地反映出其人品格调的高下，更加引人注目。即使是民营企业，也有一个私人利益与众人利益的问题。事实表明，领导者如果处处出以公心，廉洁奉公，先公后私，乃至大公无私，决不利用职权谋取法制以外的私利，群众就会对自己的利益和前途感到放心，就会对其资格给予充分的认可。否则，就必然疑虑重重，直到坚决反对。当然，人都有趋利的本性，做到廉洁主要靠制度。但制度由人修订，靠人执行。领导者是否有这一方面的自觉性，是否洁身自爱，就显得相当重要。假如没有荣辱观，遇事总是"近水楼台先得月"，中饱私囊，这是对集体凝聚力的损害，也是对他本人品行的玷污。"三年清知府，十万雪花银"，一些贪官污吏被群众视为大盗小偷，看得一钱不值，原因就在这里。廉不廉洁，历来是群众衡量领导者够不够格的一个重要标准。"能吏寻常见，公廉第一难"。历史上有些统治者，论政绩、才华不见得十分突出，但却由于为官清廉，"无私功自高"，在群众中享有盛望，乃至流芳百世。

诚实是做人的基本品德，也是避免人与人之间产生隔阂、敌对与矛盾激化的保证之一。领导者与属下相处，和其他人际间的往来一样，是双向的、互应的，你对别人如何，别人也往往对你如何。实践证明，领导者对部下真诚、坦率，也能得到对方的回应，启开对方的心门，赢取对方的信任。涉及到具体问题，部下就会感到自己安全可靠，真心实意。尤其在遇到困难与难题时，开诚布公，不回避事实，敢于面对惨淡的人生，也是有勇气的表现，本身就是力量之所在。"百心不可以得一人，一心可以得百人"有些事情即使做不到，如果实实在在，坦诚相告，群众也会给予谅解，觉得情有可谅，把不满降至最低限度。一个领导者做到诚实，在很多时候可以减少不必要的麻烦与损失。反过来讲，如果领导者表里不一，口是心非，花言巧语，欺骗伪装。对人讲人话，对鬼讲鬼话；对上是一套，对下是另一套；说的是一套，做的是另一套。终究要丧失威信，悲剧收场。也许狡诈、谎言可以获得暂时性的成功，得逞于一时，但是，没有不透风的墙。谎言一旦被揭穿，倒霉的只会是自己。诚实待人，或许一时难以使对方满意，但日久见人心，最终总能获得对方的信赖。孟子说："君子不亮，恶乎执？"也就是说"君子不讲求诚信，还操持什么呢？"林肯有句名言："你可以在所有的时间中欺骗某些人，你也可以在某些时间中欺骗所有的人，但你却不能在所有的时间中欺骗所有的人。"事实反复证明，天命不可欺，民心不可违，愚弄天下百姓于权柄股掌之间，必将玩火自焚，最终难逃被人厌弃的下场。

在现实生活中，我们常常可以看到这样的实例：一些领导，他们同样身处复杂的社会环境，同样大权在握，但其中有人能洁身自好，守廉如初，始终保持人民公仆的良好形象；有人却经不起考验，尤其是在物质利益面前，往往丧失原则，蜕化变质，走向堕落。道理何在？这里起决定作用的因素之一，是领导有没有强烈的自律意识。那么，强烈的自律意识从哪里来？领导的自律，就是在日常生活中，特别是经济生活中，能够以为政清廉的要求进行自我约束。而好的自我约束，首先是要正确地认识自我，客观、科学地准确给自己定位，才能自我尊重、自我警觉、自我约束、自我防范。此外，加强纪律、道德的修养，强化自我戒备的意识、自我审查；强化自我省视意识，经常"闭门思过"；确立正确的荣辱、得失观，能够从自我担任的责任出发，正确对待利益、价值的问题，加强自律修养。

人格品行是为官立业之本，领导者必须具备较为完美高尚的品行。但是不是可以说有了完美高尚的人格就是一个合格以至优秀的领导者呢？就可以使人完全心服口服呢？不一定。这是因为人们不仅多有感情上的善良、光明、美好之愿，而且多有物质上的温饱、安全、不断增加利益之需，特别是物质需求是不能完全靠领导者的德行来解决的。再者，人们往往通过一定的活动效果，来评估当事者的德才状况。群众对领导者人格的看法与反应，不经意间包含着对其是否称职的评价。领导者即使有再好的品行，如果没有一定的能力，不能使群众的物质利益得到发展，使他们不断走向成功与胜利，最终也无法彻底赢取他们的敬意。好官必须是好人，但好人有时未必是好官。这就要求领导者应努力做到二者的统一，一身而二任，除了有优良的品行外，还应该有较高的领导能力和较大的绩效。其实，大凡人格上对群众真正有魅力的领导者，常常都与较高的能力和较大的绩效分不开。当然，如果一个领导者品行比较高尚，只是能力差一些，绩效少一点，也可另当别论。因为高尚的品行往往可以掩盖一些领导人能力不足的问题，具有晕轮效应。同样道理，如果能力或政绩比较突出，只是品行差一点儿或者说没有太大问题，这时其能力或政绩也会有"晕轮效应"，常常在一定程度上掩盖或者弥补品行的不足，大家一般不会有太大的责难。马基雅维利在他的《君王论》中说到："最重要的是，君王必须依靠他的实际行动去赢得杰出的与非凡的赞誉。"其实，一切欲使自己的人格有魅力的领导者，都应该实实在在投身实践，做出成绩，最好让自己的高尚品行在处理的一件件事中表现出来。这是取得威信的上策。实际上一切有人格魅力的领导者都是这样走过来的，或者都少不了这一条。

　　纵观古今，从古希腊、中世纪，直到当代，从秦汉、唐宋，直到现代，领导者的人格魅力始终是领导活动中经久不衰的话题。一个领导者没有人格魅力，是他的难言之隐，亦是他的悲哀。对于人格魅力的客观存在，不论是伟人圣贤，还是凡夫俗子，谁都可以凭直观感觉得到。随着新时代的来临，世人在关注、称颂一些出色的领导者时，对隐藏在他身上的这一基本素质，认识和要求已越来越明确。作为当代的领导者，不管"立功、立德、立言"，最起码应该顺应社会的的潮流，立功以求美，超越功利，不断提高工作能力，做出应有的绩效。同时立德以求善，以哲人的节操和情怀，修身养性，慎独自处，战胜自我。